PROJET DE TRAITÉ

ENTRE

LA FRANCE ET LA BELGIQUE

SUR LA

COMPÉTENCE JUDICIAIRE DES TRIBUNAUX
DANS LES LITIGES INTERNATIONAUX

ET SUR L'EXÉCUTION RÉCIPROQUE DES JUGEMENTS
EN MATIÈRE CIVILE ET COMMERCIALE

RÉVISION DU TRAITÉ FRANCO-SUISSE DU 15 JUIN 1869

PAR

CHARLES LACHAU
Avocat à la Cour d'appel de Paris.

(EXTRAIT du *Bulletin de la Société de Législation comparée*.)

PARIS

LAROSE, ÉDITEUR | F. PICHON, ÉDITEUR

22, RUE SOUFFLOT | 24, RUE SOUFFLOT

1896

OUVRAGES DU MÊME AUTEUR

De la Compétence des Tribunaux français à l'égard des étrangers en matière civile et commerciale, avec le texte des principaux arrêts et jugements. — Ouvrage dédié à la mémoire de M⁰ Lachaud et présenté par M⁰ Bétolaud à l'Académie des sciences morales et politiques, dans la séance du 16 mars 1895; 1 vol. in-8°. — Larose. Paris, 1893 . . . . 10 fr.

De l'Exécution des Jugements étrangers d'après la Jurisprudence française, avec le texte des principaux arrêts et jugements, par Charles Lachau, avocat à la Cour de Paris, et Christian Daguin, docteur en droit, secrétaire de la Société de Législation comparée, lauréat de la Faculté de droit de Paris. — Paris, Larose et Forcel, 1889 . . . . 6 fr.

Observations sur l'Exécution des Jugements étrangers en France, 1ʳᵉ série : « Est-ce la décision étrangère ou le jugement français « ordonnant l'*exequatur* qui doit être exécuté en France? » — 1894, 1 brochure in-8° . . . . 1 fr. 50

2ᵉ *série :* Valeur devant les Tribunaux français des jugements étrangers non rendus exécutoires en France. — 1895, 1 brochure in-8° . . . . 1 fr. 50

3ᵉ *série :* Compétence du tribunal étranger qui a rendu une décision dont on demande l'*exequatur* en France. — 1895, 1 brochure in-8° . . . . 1 fr. 50

Effets juridiques de la résidence ou du domicile de fait des étrangers en France, journal le *Droit*, 2 mai 1891.

Étranger ou Français failli et réhabilité dans un pays étranger. Droit d'admission à la Bourse; art. 613, Code de commerce. Jurisprudence française; journal le *Droit*, 18 novembre 1893.

Note sur l'attribution expresse de juridiction donnée à un tribunal étranger par un Français; journal le *Droit*, 16 avril 1891.

Rapports sur les Congrès tenus à Londres en 1887 et à Bruxelles en 1895 par l'Association pour la réforme et la codification du droit international (*Bulletins de la Société de Législation comparée,* 1888-1896).

Note sur la procédure criminelle anglaise; *Bulletin de la Société de Législation comparée.* — Mars 1887.

IMPRIMERIE E. FLAMMARION, 26, RUE RACINE, PARIS

PROJET DE TRAITÉ

ENTRE

LA FRANCE ET LA BELGIQUE

IMPRIMERIE E. FLAMMARION, 26, RUE RACINE, PARIS.

PROJET DE TRAITÉ

ENTRE

LA FRANCE ET LA BELGIQUE

SUR LA

COMPÉTENCE JUDICIAIRE DES TRIBUNAUX
DANS LES LITIGES INTERNATIONAUX

ET SUR L'EXÉCUTION RÉCIPROQUE DES JUGEMENTS
EN MATIÈRE CIVILE ET COMMERCIALE

RÉVISION DU TRAITÉ FRANCO-SUISSE DU 15 JUIN 1869

PAR

Charles LACHAU
Avocat à la Cour d'appel de Paris.

(Extrait du *Bulletin de la Société de Législation comparée*)

PARIS

LAROSE, ÉDITEUR | F. PICHON, ÉDITEUR
22, RUE SOUFFLOT | 24, RUE SOUFFLOT

1896

PROJET DE TRAITÉ

ENTRE

LA FRANCE ET LA BELGIQUE

Le projet de traité que nous proposons entre la France et la Belgique comprend des conventions : 1° Sur la compétence judiciaire et les actions en justice, et 2° sur l'exécution des jugements dans les litiges internationaux en matière civile et commerciale.

Il est inspiré par la combinaison des législations française et belge et par les règles actuellement admises en droit international privé. Une *loi commune de compétence* est proposée pour statuer sur la plupart des litiges entre Français et Belges, entre Belges et Français, entre Belges en France, entre Français en Belgique, entre Belge et étranger en France, entre Français et étranger en Belgique.

La juridiction compétente dans les litiges visés au projet de traité ne pourra être déclinée par le défendeur ; cette compétence ne mettra pas toutefois obstacle en principe aux autres compétences de droit commun du pays du domicile du défendeur ; elle ne modifiera pas le caractère relatif ou absolu des compétences des deux pays.

On mettra ainsi un terme à des conflits de compétence qui, malgré la grande analogie des deux législations, jettent de l'incertitude et provoquent des procès dans les relations civiles et commerciales ; notamment dans les conflits qui résultent de l'application des articles 14 et 15 du Code civil français et dans les différends internationaux en matière de faillite ou de succession.

Certaines théories de doctrine qui restreignent entièrement le domaine de la souveraineté des États dans les rapports judiciaires ne sont pas suivies. Par exemple, nous avons respecté les règles du statut réel en matière immobilière qu'on a appelé « le domaine éminent de la souveraineté ». Les dispositions de presque toutes les législations sur cette question ne permettent pas de se dégager encore de leurs règles. Mieux vaut encore les conserver pour faire aboutir rapidement sur beaucoup d'autres points les réformes que nous proposons. Des traités ultérieurs suivront la science et s'occuperont d'un abandon plus complet des droits de la souveraineté.

Dans les actions personnelles de pur intérêt pécuniaire, il importait d'abolir les règles exceptionnelles de compétence reposant sur la nationalité des parties. Avec elles disparaissent les plus nombreuses occasions de conflits. L'abandon de ces compétences, par exemple, celles des articles 14 et 15 du Code civil français qui permettent aux pays étrangers de regarder comme sans valeur beaucoup de décisions françaises, ne peut être considéré comme un oubli des droits de la souveraineté, si l'on consulte la jurisprudence de la France et de la Belgique; on voit qu'on ne donne plus à ces compétences un caractère absolu, puisque les parties ont le droit de les modifier par des accords exprès ou tacites. Comment un traité entre les deux nations ne sanctionnerait-il pas en principe un résultat que les particuliers peuvent atteindre ou modifier eux-mêmes suivant leur intérêt?

La maxime « *actor sequitur forum rei* », protectrice du défendeur en droit international et dans les législations de droit interne, est la base du travail actuel dans tous les cas où elle peut être appliquée. Il s'y ajoutera des compétences reposant sur des règles rationnelles puisées dans la nature des actions ou dans la volonté présumée des parties. C'est dans cet esprit que sont conçues les nouvelles législations d'Europe et que se formulent les jurisprudences des différents peuples; il serait anti-juridique, nuisible et impolitique de ne pas suivre ce courant.

La compétence des juridictions étant bien délimitée, on verra disparaître les difficultés de compétence qui sont le principal obstacle à la procédure si utile de l'*exequatur*.

Dans la *seconde partie* du projet de convention qui s'occupe de l'exécution des jugements, nous laissons de côté l'opinion qui consiste à dire: qu'un jugement est la constatation d'un droit, qui a valeur partout sur le territoire, en dehors des frontières, sans se préoccuper des droits des États. On se heurterait tout au moins à l'intérêt de la souveraineté qui prétend exercer un contrôle avant de permettre l'exécution d'un jugement étranger sur son sol (1).

De même il ne faut pas accepter la théorie suivant laquelle un jugement a sa source d'autorité dans le pouvoir du souverain, et ne peut valoir comme chose jugée ou comme acte d'exécution que dans les limites du pays de cette souveraineté (2). C'est confondre d'abord l'autorité de la chose jugée avec l'*imperium* ou le mandat d'exécution; c'est aboutir à la négation de tout rapport international, puisqu'il devient impossible de faire valoir à l'étranger un contrat judiciaire qui doit avoir sa valeur juridique entre les parties.

Il importe à l'heure actuelle de s'inspirer de l'idée libérale et internationale des législations récentes qui envisagent la valeur d'un jugement étranger à un autre point de vue. Un jugement est un acte entre les parties, une obligation, un quasi-contrat judiciaire, une *lex specialis* qui a autorité de chose jugée et droit d'exécution partout, sauf les garanties que les souverainetés exigent (3).

Aujourd'hui, on se trouve à l'aise avec un projet de traité dans lequel les hautes parties contractantes ont le droit de convenir de stipulations en dehors de toute opinion doctrinale ou jurisprudentielle. Mais il est plus juridique et plus pratique d'appuyer ses dispositions sur des bases rationnelles et équitables.

L'étude de ces questions spéciales a été l'objet d'une conférence que nous avons faite au Palais de justice de Bruxelles, devant la conférence des avocats, le 22 janvier 1896 (4).

Nous rassemblons et nous coordonnons ici, dans un projet unique, nos essais et nos travaux précédents sur la compétence judiciaire et sur l'exécution des jugements. On pourra ainsi mieux apprécier et critiquer l'œuvre dans son ensemble et dans sa forme définitive.

---

(1) Voir Pillet : *Français à l'étranger*, J. D. I. P., 1892, p. 16.

(2) Voir Félix : *Droit int. privé*, 4ᵉ édit., 2, 10; Aubry et Rau, 4ᵉ édit. t. VIII, § 789; Ch. Lachau et Daguin : *Exécution des jugements étrangers*, p. 11.

(3) Massé : *Droit com.*, 3ᵉ édit., 2, 800; Weiss : *Droit int. privé*, 2ᵉ édit., p. 823; Bonfils : *Compét. des trib. français à l'égard des étrangers*, p. 228.

(4) Voir : *Journal des tribunaux*, de Bruxelles, et *Le Droit français*, nᵒˢ des 6 février 1896 et suiv.

Nous rencontrerons contre notre travail l'objection générale qu'aucun Pouvoir souverain, comme une Cour de cassation commune aux deux peuples, ne réglant les différends sur la compétence, les conflits entre les tribunaux des deux pays existeront toujours et empêcheront les avantages souhaités par la convention. Cette objection tombe en recherchant les résultats ultérieurs du traité. D'abord les tribunaux des deux pays auront tout intérêt à s'entendre sur la loi commune qui sera le traité, comme il arrive actuellement pour l'interprétation de la convention franco-suisse. On restreindra ainsi les conflits de compétence.

En second lieu, le but du traité est de créer pour les litiges prévus une juridiction compétente qui sera acceptée par les deux législations. Enfin, à supposer qu'il s'élève des conflits de compétence, qui se produiront plutôt sur des questions de fait que sur des questions de droit, ces conflits resteront à l'état d'exception. Il y aura donc progrès. En tout cas, les deux États ne souffriront jamais dans leur indépendance et dans l'application de leurs lois d'ordre public; la nécessité d'un contrôle ou de l'*exequatur* des jugements, pour leur donner autorité de chose jugée ou force exécutoire dans l'autre pays, sauvegardera ses intérêts.

Bien que ce projet ait pour but principal la détermination de la juridiction internationale compétente, on y prévoit quelquefois la législation applicable dans certaines natures d'actions. On fait ainsi disparaître les confusions entre ces deux ordres d'idées, dont les limites se trouvent alors bien tracées.

Le Traité franco-suisse du 15 juin 1869 (1) a fourni quelques éléments à notre travail. Mais l'expérience montre combien il est incomplet. On l'interprète difficilement à cause de sa rédaction confuse et peu pratique. Il rend la situation des Suisses souvent moins favorable en France que celle des autres étrangers. Cela tient à ce que les règles adoptées ont été timidement ou mal formulées et permettent des controverses de jurisprudence. Les critiques fréquentes que nous ferons à la convention franco-suisse en la comparant à notre travail, mettra en évidence bien des modifications qu'il serait utile d'adopter lors de sa revision.

Notre but est surtout d'attirer l'attention des législateurs sur les ententes internationales au point de vue judiciaire qui sont réclamées par toutes les nations. Nous offrons ce travail aux Pouvoirs publics; soumis à la critique des jurisconsultes et des

(1) Voir son texte : Dalloz, 1870, 4° partie, p. 6.

hommes politiques, il provoquera des études qui favoriseront l'adoption de conventions entre nations civilisées.

L'inaction et la crainte de trop de difficultés à vaincre ne peut toujours être un obstacle pour dresser ces traités si utiles aux relations des peuples.

Aurais-je le seul mérite d'avoir ranimé la discussion sur tous ces points que je serais très heureux de l'œuvre que j'ai entreprise. Tout au moins on trouvera dans cet ouvrage l'état actuel des jurisprudences et de la science dans les questions de compétence et d'*exequatur*.

Voici le texte du projet de traité que nous proposons entre la France et la Belgique :

TITRE Iᵉʳ.

COMPÉTENCE JUDICIAIRE ET ACTIONS EN JUSTICE.

« ART. 1ᵉʳ, § 1ᵉʳ. — Dans les contestations en matière person-
« nelle, civile ou commerciale, au sujet de contrats ou de quasi-
« contrats entre Français et Belges, ou entre Belges et Français,
« le demandeur pourra poursuivre son action devant le Tribunal
« du domicile du défendeur dans l'un et l'autre pays et, à défaut
« de domicile, devant le Tribunal du lieu de sa résidence.

« Les compétences *à raison de la nationalité des parties* sont
« abrogées dans les rapports entre Belges et Français au sujet
« des litiges prévus dans le présent traité.

« § 2 — Dans les contestations de même nature entre Belges,
« le défendeur étant domicilié ou ayant un établissement com-
« mercial en France; dans les contestations entre Français, le
« défendeur étant domicilié ou ayant un établissement commer-
« cial en Belgique, le demandeur pourra saisir le Tribunal du
« domicile du défendeur ou de l'établissement commercial pour
« les opérations qui concernent cet établissement.

« § 3. — Si les défendeurs français ou belges n'ont pas de
« domicile ou de résidence dans l'un des deux pays, et à défaut
« d'autre Tribunal compétent, ils pourront être cités devant la
« juridiction du domicile du demandeur.

« § 4. — Un Belge pourra poursuivre un étranger en France
« devant le Tribunal du domicile de ce dernier, de même un
« Français pourra poursuivre un étranger devant le Tribunal de
« son domicile en Belgique au sujet des actions précitées.

« § 5. — Les dispositions précédentes ne font pas obstacle à
« l'application des règles de compétence de droit commun du
« pays du domicile du défendeur.

« ART. 2, § 1. — Les actions en matière réelle immobilière
« seront portées devant le Tribunal du lieu de la situation des
« immeubles sis dans l'un des deux pays. Dans le cas où il s'agit
« d'une action personnelle contre un propriétaire français ou
« belge au sujet de la propriété ou de la jouissance de son
« immeuble situé dans l'un ou l'autre pays, l'action pourra être
« poursuivie devant le Tribunal de la situation de l'immeuble.

« § 2. — Les actions réelles qui ont pour objet la revendi-
« cation, la possession, les privilèges, les voies d'exécution sur
« un bien meuble corporel (abstraction faite des mêmes droits
« sur un navire), situé dans un des deux pays et appartenant à un
« Français ou à un Belge, sont portées devant le Tribunal de la
« situation du meuble.

« Les demandes en validité de saisie-arrêt seront poursuivies
« devant le Tribunal du lieu de la saisie, où le saisissant devra
« faire élection de domicile.

« ART. 3. — Les contestations sociales à l'égard d'une société
« civile ou commerciale française ou belge, demanderesse ou
« défenderesse vis-à-vis des personnes désignées dans l'article
« premier du traité, seront portées devant le juge du lieu où la
« société possède son principal établissement.

« Le même juge sera compétent, même après la dissolution de
« la société, pour le partage et les obligations qui en résultent,
« pourvu que l'action soit intentée dans les deux ans du partage.

« Pour les litiges autres que les contestations sociales, le
« traité ou le droit commun sont applicables. Le domicile de la
« société est celui où elle possède son principal établissement.

« ART. 4. — Les dispositions des lois française et belge sur
« les compétences en matière d'actions en garantie ou en cas de
« pluralité de défendeurs, sont abrogées dans les relations entre
« Français et Belges et entre Belges et Français.

« Seront au contraire applicables dans les rapports judiciaires
« entre les Tribunaux des deux pays, les lois française et belge
« sur les demandes reconventionnelles incidentes ou connexes
« au point de vue de la compétence.

« Art. 5. — Les mesures provisoires ou conservatoires en
« matière réelle ou personnelle pourront être requises des juri-
« dictions des deux pays, dans tous les cas où ces mesures
« seraient urgentes ou nécessaires, quel que soit le lieu où est
« engagée l'instance principale.

« Art. 6. — En cas d'élection volontaire et conventionnelle de
« domicile attributif de juridiction dans les deux pays pour les
« litiges visés au présent traité, le juge du lieu du domicile
« élu sera compétent pour connaître des difficultés auxquelles
« l'exécution des conventions pourra donner lieu.

« Les sociétés sont réputées avoir dans les deux pays un domi-
« cile attributif de juridiction au lieu de leurs succursales pour
« les actions qui leur sont intentées au sujet des opérations qui
« y ont été ou qui y sont traitées, sans préjudice des autres
« compétences édictées au présent traité.

« Art. 7. — Toute action relative à la liquidation et au partage
« d'une succession mobilière ou immobilière testamentaire ou
« ab intestat, sera portée devant le Tribunal du dernier domicile
« du défunt français en Belgique et devant le Tribunal du der-
« nier domicile du Belge en France.

« Seront de la compétence de ces tribunaux ou des autorités
« constituées dans ce pays toutes formalités et procédures qui
« concernent la succession en général.

« Il en sera de même de toutes les actions d'héritiers, de léga-
« taires ou de tiers ayant des conséquences juridiques pour la
« consistance, la dévolution, l'administration, la liquidation et
« le partage de la succession.

« Le règlement de la succession immobilière sise dans le pays
« autre que celui de l'ouverture de la succession appartiendra à
« la compétence judiciaire et législative de cette contrée, sauf au
« Tribunal de l'ouverture de la succession à surseoir pour le
« règlement définitif de la succession.

« Dans le règlement des successions précitées, si les légis-
« lations d'un ou des deux pays accordent à leurs nationaux,
« héritiers appelés à la succession par la loi, des droits et avan-
« tages particuliers sur les biens situés dans leur pays d'origine,
« les ressortissants jouiront de ces droits et avantages. S'il n'en
« est pas tenu compte par le Tribunal de l'ouverture de la suc-
« cession, les héritiers pourront, après le règlement définitif de

« la succession, se pourvoir devant leur juridiction nationale au
« lieu où sont situés les biens pour obtenir ces avantages.

« *2ᵉ rédaction.* — La juridiction du dernier domicile d'un
« défunt Belge ou Français dans l'un des deux pays sera compé-
« tente pour les formalités, la procédure de liquidation, de par-
« tage et pour toutes les actions à l'égard du patrimoine immo-
« bilier ou mobilier de la succession *ab intestat* ou testamentaire.

« Toutefois on devra se conformer à la compétence législative
« du pays où sont situés les immeubles pour les formes du par-
« tage, de la licitation et de la vente de ces immeubles.

« ART. 8. — Le Tribunal compétent pour prononcer la faillite
« d'un Français en Belgique ou d'un Belge en France sera le Tri-
« bunal du domicile commercial. Ce sera le Tribunal du lieu
« du principal établissement pour les sociétés commerciales.

« Si un Belge commerçant n'a qu'une succursale en France et
« son établissement principal dans un autre pays que la France
« et la Belgique, de même si un Français n'a qu'une succursale
« en Belgique et son principal établissement ailleurs qu'en
« France et en Belgique, le Tribunal du lieu de la succursale sera
« compétent pour prononcer la faillite. En cas de succursales à
« la fois en France et en Belgique, ce sera le Tribunal de la prin-
« cipale succursale.

« La production d'un jugement déclaratif donnera au syndic
« des faillites précitées le droit d'agir dans les deux pays comme
« représentant du failli ou de la masse des créanciers. Les actes
« d'exécution dans le pays autre que celui de l'ouverture de la
« faillite ne pourront être accomplis qu'après l'*exequatur* du
« jugement déclaratif.

« Les formes et la procédure de la faillite sont régies par la loi
« du lieu où la faillite a été déclarée.

« Le syndic se conformera aux lois du pays de la situation
« pour la vente des biens meubles et immeubles.

« Il sera tenu compte dans la répartition de l'actif aux créan-
« ciers des droits de préférence, privilèges, hypothèques sur les
« biens meubles et immeubles dans les deux pays.

« L'actif chirographaire sera distribué entre tous les créan-
« ciers conformément à la loi du pays où la faillite est ouverte.

« Les contestations pour ou contre la faillite sur des droits
« réels mobiliers en ce qui touche le gage, les privilèges, la
« possession et les litiges sur des droits réels immobiliers

« seront portés devant le Tribunal de la situation des biens.

« Les actions personnelles et mobilières dirigées contre la
« faillite par des tiers ou des créanciers seront de la compétence
« du Tribunal de l'ouverture de la faillite.

« Les actions personnelles et mobilières intentées par la fail-
« lite contre des créanciers ou des tiers suivront les règles de
« compétence du traité ou du droit commun lorsqu'il s'agit
« d'obligations et d'opérations antérieures à l'ouverture de la
« faillite; le Tribunal de la faillite sera compétent s'il s'agit
« d'obligations ou d'opérations postérieures.

« Les incapacités commerciales qui résultent pour le failli
« de la cessation des payements sont régies par la loi du lieu de
« l'ouverture de la faillite. Les États se réservent le droit d'in-
« carcération ou de poursuites pénales. Le Tribunal qui a déclaré
« la faillite est seul compétent pour prononcer la réhabilitation
« d'après sa propre législation.

« Le concordat et son homologation sont soumis à la compé-
« tence législative et judiciaire du Tribunal qui a prononcé la
« faillite.

« Les mesures prises par les Tribunaux des deux pays sur les
« sursis, les concordats préventifs, les liquidations judiciaires
« autorisés par les lois, auront autorité de chose jugée. Elles
« devront être revêtues de l'*exequatur* pour produire des effets
« d'exécution dans l'autre pays.

« La déclaration de faillite ainsi que les actes qui la concernent,
« et dont la publication est prescrite par les lois de l'État où la
« faillite a été déclarée, seront rendus publics dans les deux
« États.

« Art. 9. — Le Tribunal du domicile et à défaut de domicile,
« le Tribunal de la résidence des incapables ci-après désignés
« sera compétent à l'égard de Français en Belgique ou de Belges
« en France pour la nomination d'un tuteur au mineur et à l'in-
« terdit, ou pour la dation d'un conseil judiciaire.

« Si l'on n'a pas constitué la tutelle susdite au domicile ou à la
« résidence, et lors même que les incapables n'auraient aucun
« domicile attributif de compétence dans leur pays d'origine, la
« tutelle pourra y être ouverte au domicile du parent ou de
« l'allié le plus proche, le parent ayant prépondérance sur l'allié
« à égalité de degré.

« À défaut de diligence ou en cas d'impossibilité de pourvoir

« à la tutelle dans l'un des deux pays, les consuls devront faire
« constituer dans leur circonscription la tutelle de leurs natio-
« naux avec le concours des autorités administratives et judi-
« ciaires.

« Les formes et les conditions prescrites pour la constitution
« et l'administration des tutelles ou du conseil judiciaire par la
« loi nationale de l'incapable seront observées, autant que pos-
« sible, par les autorités du pays étranger. Le Tribunal compé-
« tent statuera sur toutes les contestations au sujet de la tutelle
« ou du conseil judiciaire.

« Les immeubles et meubles des incapables seront régis par la
« législation du pays où ils sont situés.

« L'hypothèque légale frappera les biens du tuteur quel que
« soit le pays où la tutelle a été constituée.

« Art. 10. — Les règles de compétence du droit commun des
« deux pays en toutes matières seront applicables aux litiges qui
« ne sont pas visés au présent traité.

« Les parties peuvent modifier les règles de compétence de la
« présente convention, sauf celles qui intéressent la souveraineté
« et l'intérêt général des deux États.

TITRE II.

EXÉCUTION DES JUGEMENTS.

« Art. 11. — Les jugements ou arrêts définitifs et exécutoires
« en matière civile ou commerciale, rendus soit par les Tribu-
« naux, soit par des arbitres légalement constitués dans l'un des
« deux États, auront force de chose jugée et seront exécutoires
« dans l'autre État sous les conditions ci-dessous stipulées.

« Art. 12. — Le Tribunal d'un des deux pays, saisi de la
« demande d'exécution d'un jugement ou d'un arrêt de l'autre
« pays, n'entrera point dans la discussion du fond de l'affaire et
« son examen ne portera que sur les points suivants :

« § 1. — Si les règles du droit public ou les intérêts de l'ordre
« public du pays où l'exécution est demandée, ne s'opposent pas
« à ce que la décision étrangère y reçoive exécution;

« § 2. — Si la décision étrangère a été rendue, les parties

« dûment citées et légalement représentées, les droits de la
« défense ayant été observés ;

« § 3. — Si, d'après la loi du pays où la décision a été rendue,
« l'expédition qui en est produite réunit les conditions néces-
« saires à son authenticité. — *Autre rédaction :* Si la partie, en
« faveur de laquelle on poursuivra dans l'un des États, l'exécu-
« tion d'un jugement ou d'un arrêt, produit au Tribunal compé-
« tent du pays où l'exécution doit avoir lieu : *a)* l'expédition du
« jugement ou de l'arrêt légalisé par les autorités de chaque
« pays ; *b)* l'original de l'exploit de signification dudit jugement
« ou arrêt ou de tout autre acte qui dans le pays tient lieu de
« signification ; *c)* un certificat délivré par le greffier du Tribunal
« où le jugement a été rendu, constatant qu'il n'existe ni oppo-
« sition ni appel contre ce jugement.

« § 4. — Si la décision émane d'une juridiction compétente
« d'après la législation des deux pays.

« Art. 13. — Les Tribunaux civils des deux pays connaîtront
« des demandes d'exécution sur la représentation des pièces
« ci-dessus énumérées et sur la notification au défendeur du
« jour et de l'heure où il sera statué sur sa demande. L'opposi-
« tion à la décision rendue ne sera pas recevable ; l'appel pourra
« dans tous les cas en être interjeté, comme on pourra recourir
« contre elle selon la législation du pays où elle a été rendue.
« Les difficultés relatives à l'exécution de cette décision seront
« portées devant l'autorité qui aura statué définitivement sur la
« demande d'exécution. »

COMMENTAIRE DU PROJET DE TRAITÉ

Nous allons étudier : 1° Les dispositions du projet qui concernent les questions de compétence ;

2° Les articles du projet sur l'exécution des jugements ;

3° Les diverses natures de litiges qui seraient ou non soumis
aux règles du projet.

PREMIÈRE PARTIE

DISPOSITIONS DU PROJET DE TRAITÉ SUR LA COMPÉTENCE JUDICIAIRE

Le commentaire du projet de traité sur la compétence judiciaire nécessite l'examen successif des articles proposés ci-dessus.

— 16 —

Article 1 du projet de Traité.

Art. 1, § 1. — L'article 1, § 1 du projet précédent doit être envisagé à divers points de vue :

a) *Actions prévues dans l'article 1, § 1.* — Les contestations prévues sont celles qui se produisent entre Français et Belges, entre Belges et Français au sujet des actions qui ont pour but le seul intérêt pécuniaire des parties en matière civile et commerciale. Il s'agit d'actions pures personnelles et d'actions personnelles immobilières ou mobilières dérivant de contrats ou quasi-contrats. Les actions mobilières précitées sont celles que les deux législations placent sous les règles de compétence des actions personnelles proprement dites.

Les actions réelles immobilières ou mobilières font l'objet d'autres dispositions du projet.

Les actions civiles en matière de quasi-délits, de crimes ne provenant ni d'un contrat ni d'un quasi-contrat, ne sont pas visés dans le projet et restent sous l'empire des règles de compétence du droit commun des deux États. Disons d'un mot qu'elles ressortent de la juridiction du pays où l'infraction ou la faute se sont produites. Tantôt ces actions intéressent la souveraineté, qu'il s'agisse d'actions civiles soit accessoires à la répression d'un délit ou d'un crime, soit indépendantes de l'action publique. Tantôt par suite de raisons d'intérêt général et de preuves à fournir, les jurisprudences belge et française reconnaissent entre toutes personnes la compétence de la juridiction du lieu où le préjudice est né, par exemple pour les demandes en dommages-intérêts à la suite de quasi-délits.

Il y a grande controverse pour savoir si ces derniers litiges rentrent dans les dispositions de compétence de l'article 1 du traité franco-suisse. On les exclut généralement, parce que, dit-on, ces contestations sortent, au point de vue de la compétence du cadre des actions pures personnelles. Leur nature, assez mal définie au point de vue qui nous occupe, donnerait lieu à des difficultés pour la rédaction de notre projet, une opinion les soumettant à une compétence de souveraineté, d'autres les regardant avec raison, selon nous, comme des actions pures personnelles auxquelles une loi d'ordre public est applicable (1).

(1) Voir notre étude à ce sujet : *Observations sur l'exécution des jugements étrangers, 3ᵉ série.*

Ne sont pas comprises dans le projet de convention les actions en matière littéraire ou industrielle. La souveraineté impose sa juridiction d'une manière absolue pour connaître sous toutes leurs formes les infractions de cette nature qui sont commises sur son sol. (Voir troisième partie.)

Le projet de traité ne vise pas non plus les actions en matière d'état et de capacité, sauf ce qui sera stipulé sur la tutelle et le conseil judiciaire. Il y a lieu, selon nous, de ne pas formuler encore des dispositions communes aux deux pays sur la juridiction compétente dans ces litiges. Il faut remarquer que la jurisprudence française se trouve en présence de deux opinions qui considèrent ces actions, tantôt comme intéressant la souveraineté au même titre que la nationalité, tantôt comme étant des actions personnelles de pur intérêt privé ; il en résulte dans ce dernier cas un système dit de compétence facultative ou d'*incompétence ratione personæ*, lorsqu'il s'agit d'actions de cette nature entre étrangers. En Belgique, le système de la souveraineté semble dominer, mais des raisons de compétence puisées dans le domicile des parties vient, à notre avis, détruire toute harmonie. En l'absence de système général adopté dans les États sur les règles de compétence relatives à ces natures d'actions, il est difficile d'arrêter actuellement des dispositions communes. L'article 1 du projet sur les demandes incidentes prévoit toutefois les questions de nationalité ou d'état et de capacité qu'il faut résoudre. pour savoir si ce traité est applicable. Une étude plus complète des litiges visés au traité se trouve dans la troisième partie de ce travail.

Quant aux actions du fisc contre les contribuables, elles ne sont pas visées dans l'article 1 du projet de traité ; les législations sont d'accord pour reconnaître la prédominance de la juridiction de la souveraineté dans ces matières qui ne rentrent pas du reste dans les contestations civiles et commerciales. On peut raisonner de même au sujet des litiges administratifs.

b) *Raisons et étendue des compétences comprises dans l'article* 1, § 1. — Les personnes physiques défenderesses dans les litiges de l'article 1, § 1, doivent être assignées par le demandeur devant le tribunal de leur domicile dans l'un ou l'autre pays. A défaut de domicile, le tribunal de la résidence est compétent.

La règle adoptée est l'application de la maxime « *actor sequitur forum rei* ». Cette maxime protège dans les deux pays le défendeur au point de vue de la compétence, comme les législations

le protègent encore en obligeant le demandeur à fournir la preuve.

Le projet de traité transporte cette règle en droit international et écarte les compétences *exceptionnelles de nationalité*, que renferment les articles 14 et 15 (C. civ. fr.) dont nous parlerons plus loin. Il était utile de signaler leur abrogation dans le texte du projet.

En effet, le silence du législateur sur ce point dans le traité franco-suisse, laisse toujours pendante la question de savoir si les articles 14 et 15 (C. civ. fr.) sont toujours applicables dans les litiges non prévus dans le traité.

Tout en adoptant la compétence *ratione personæ* et positive, c'est-à-dire qui ne peut être déclinée, le projet de traité dans l'article 1, § 5, permet aussi au demandeur d'appeler le défendeur devant les juridictions de droit commun du pays du domicile de ce dernier. Les raisons en seront données lors du commentaire de l'article 1, § 5.

En dehors de la compétence du domicile du défendeur et des compétences de droit commun du pays du domicile du défendeur, les tribunaux des deux pays ne pourront être saisis des litiges de l'article 1, § 1, que par l'accord exprès ou tacite des parties. Par exemple, si un Belge assigne en France un Français domicilié en Belgique, le défendeur pourra ou décliner la compétence du tribunal français ou accepter la juridiction de son pays.

Nous ne nous arrêtons pas à l'objection qu'un Français ou un Belge doit toujours, comme il est de jurisprudence en France, avoir un *for* devant la juridiction de son pays et qu'un étranger peut toujours les y assigner. Nous pensons qu'il faut écarter en principe cette compétence positive de nationalité, parce qu'une entente judiciaire survenant entre les deux peuples, procède de l'intérêt même du défendeur, du respect des tribunaux des deux pays et supprime au profit de compétences rationnelles, les compétences dites de nationalité. Les parties restent libres de choisir leur juridiction, mais les deux États n'imposent plus des compétences souvent injustes reposant sur la seule nationalité.

Dans le système du projet, on tranche deux controverses qui s'élèvent dans l'interprétation de la convention franco-suisse; il est utile de les signaler.

On discute d'abord si cette convention ne s'occupe que des

cas où le défendeur a son domicile dans son pays d'origine ou si elle vise aussi l'espèce du défendeur possédant son domicile dans l'autre pays. Cette incertitude soulève des difficultés nombreuses.

Il y a également deux opinions sur le point de savoir si la convention a supprimé les compétences de droit commun du pays du défendeur pour conserver la seule juridiction du domicile. La Cour de Cassation, le 29 janvier 1883, a décidé que l'article 420 (C. proc. fr.), disposition de compétence commerciale de droit interne, pouvait s'appliquer entre Français et Suisses, indépendamment de la juridiction du domicile. Nous y reviendrons en commentant l'article 1, § 5.

La circonstance admise dans le projet de traité que les Belges et les Français peuvent avoir un domicile légal dans le pays qui n'est pas leur contrée d'origine, ne peut, selon nous, soulever des objections contre la convention. En Belgique, la loi reconnaît le domicile légal d'un étranger en Belgique, comme elle admet le domicile légal d'un Belge à l'étranger. En France, bien qu'une doctrine conteste la légalité du domicile légal à un étranger en France, alors qu'il n'a pas obtenu l'autorisation nécessaire, cependant on fait produire à son domicile de fait ou résidence des effets juridiques analogues à ceux du domicile légal. On l'a souvent jugé à l'occasion de litiges entre étrangers, par exemple : au point de vue de l'attribution spéciale de juridiction à un tribunal français, la juridiction française étant compétente d'une manière générale (Cass., 29 juillet 1890; *Le Droit*, 11 août 1890); pour des compétences positives en matière commerciale, article 420 (C. pr.); il a été décidé d'après les mêmes règles en matière civile, article 110 (C. civ.) pour l'ouverture d'une succession et dans les espèces où le tribunal reste saisi en vertu de sa compétence facultative ou incompétence *ratione personæ* dans les procès entre étrangers (1).

La jurisprudence française hésite en ce qui concerne le domicile des Français à l'étranger. Ainsi, le domicile de l'ouverture de la succession d'un Français est réputé au lieu de sa résidence à l'étranger où il est décédé (Cass., 27 avril 1868. Dalloz, 1868, t. 302). Cependant de grandes incertitudes se perpétuent dans

______

(1) Voir : *Compétence des tribunaux français à l'égard des étrangers, d'après la jurisprudence française,* par Charles Lachau, pp. 121, 276, 282. *Effets juridiques du domicile de fait des étrangers en France,* même auteur, journal *Le Droit,* 2 mai 1891.

la jurisprudence. Le projet de traité fera disparaître ces difficultés dans les relations entre Belges et Français.

c) Circonstances qui établissent le lieu du domicile. — Les circonstances qui déterminent le lieu du domicile ou de la résidence d'un Français ou d'un Belge dans l'un ou l'autre des deux pays, sont analogues dans les deux législations; les juges s'inspirent des mêmes textes et des mêmes raisons de décider.

Art. 1, § 2. — Le projet de traité stipule dans cette disposition des règles de compétence au sujet des litiges entre deux Français en Belgique ou entre deux Belges en France. Il s'agit ici des contestations de même nature que celles comprises dans le § 1 de l'article 1.

L'objet de cette clause est d'assurer à ces plaideurs un traitement qui, dans l'état actuel des législations, pourrait ne pas leur être accordé.

Ainsi, en matière civile, la jurisprudence française déclare la juridiction française incompétente *ratione personæ* dans les litiges entre étrangers, ce qui permet au juge de se dessaisir d'office sans considérer si le défendeur possède ou non un domicile en France. Avec le projet de traité, la compétence de la juridiction française est positive, c'est-à-dire qu'elle ne peut être déclinée par le juge ou par le défendeur.

C'est dans les actions civiles que notre article a surtout son application. En matière commerciale, les trois règles de compétence de l'article 420 (C. proc. franç.) sont appliquées aujourd'hui par la jurisprudence française aux litiges entre étrangers et sont regardées comme des compétences positives. Le projet de traité ne fait que les consacrer.

Pour la Belgique, l'article 1, § 2 du projet, ne fait, selon nous, qu'appliquer ce qui existe dans la législation interne de ce pays.

Le projet de traité diffère ici de la convention franco-suisse; il donne compétence à la juridiction étrangère dès que le défendeur seul y est domicilié ou possède un établissement commercial. Dans le traité franco-suisse, il faut que le demandeur et le défendeur soient domiciliés dans le pays étranger. Nous avons modifié ces conditions parce que la loi doit se préoccuper surtout du domicile du défendeur pour créer la compétence d'une juridiction. Exiger le domicile du demandeur dans le pays où il intente le procès, ce serait mettre les Français et les Belges dans une situation moins favorable que celle des autres étrangers d'après la législation belge et même d'après la législation française. Ce serait ôter presque toute efficacité à cette clause du projet. Si l'on objecte que le domicile du demandeur est une garantie pour le défendeur, nous répondrons que cette garantie échappe dans tous les cas où le domicile du demandeur n'est pas exigé et que cette situation ne pourrait être modifiée que par la caution *judicatum solvi* que la jurisprudence n'accorde pas en général aux étrangers.

L'établissement commercial où le défendeur peut être assigné, alors qu'il possède peut-être son domicile à l'étranger, doit être celui où les opérations se sont faites.

Comme pour l'article 1, § 1, l'article 1, § 2 du projet, ne fait pas échec aux compétences de droit commun de la législation du pays du domicile du défendeur, relevées dans l'article 1, § 5. Adopter une opinion contraire, ce serait, à l'encontre de l'esprit général du projet, diminuer le nombre des compétences accordées par la jurisprudence aux étrangers. Ainsi, par exemple, en France, à défaut de domicile ou d'établissement commercial, la jurisprudence permet à un Belge d'assigner un autre Belge dans le lieu du payement stipulé pour une obligation commerciale (art. 420, § 3, C. proc.). Le projet de traité doit conserver cette compétence comme toutes celles de droit commun du pays du domicile du défendeur.

ART. 1, § 3. — Si les défendeurs belges ou français dont parlent les clauses précédentes, n'ont ni domicile, ni résidence dans les deux pays, et si aucun tribunal ne peut être saisi, ces défendeurs pourront être cités devant la juridiction du domicile du demandeur. Cette compétence exceptionnelle se produit à défaut de toutes autres; elle est acceptée par la plupart des législations et même en droit international.

ART. 1, § 4. — Si un Français domicilié ou non en Belgique est demandeur dans ce pays contre un étranger domicilié en Belgique, il pourra saisir la juridiction belge pour statuer sur les contestations de la même nature que celles prévues dans l'article 1, § 1 du projet de traité. Un Belge aura le même droit en France. Cette compétence n'exclut pas les compétences de droit commun du pays où est domicilié le défendeur.

L'article 1, § 4, est édicté dans le même but et avec le même esprit que pour les espèces visées dans l'article 1, § 2. C'est pour obvier notamment à la jurisprudence française dans les litiges entre étrangers, et obliger le juge français à rester saisi du litige.

L'objection qu'on soulève contre la disposition de l'article 1, § 4, est que les étrangers en France, autres que les Belges, ne sont pas parties contractantes au traité projeté. Cette objection ne peut prévaloir à notre avis. La compétence qui est octroyée dans cet article aux tribunaux français et belges repose sur la maxime « actor » respectée dans tous les pays et sur la raison du domicile choisi par l'étranger pour y concentrer ses intérêts et répondre de ses engagements. Nous voyons dans les trois compétences de l'article 420 (C. proc. franç.) des compétences dans les litiges commerciaux entre étrangers, basées sur des raisons analogues. Actuellement la jurisprudence française reste également saisie des litiges entre étrangers en matière civile, quand l'étranger défendeur n'a pas de domicile ni de juges ailleurs qu'en France. En Belgique, le simple domicile du défendeur dans ce pays est suffisant.

Est-il donc besoin de l'existence de traités internationaux admis par toutes les puissances pour créer ces compétences qui reposent sur des motifs rationnels? Notre article consacre des jurisprudences favorables aux Français et aux Belges.

ART. 1, § 5. — Cette clause renferme une disposition générale qui complète toutes les stipulations précédentes du projet. En les étudiant, nous avons déjà relaté les conséquences de l'article 1, § 5.

Il n'y a pas lieu d'écarter les compétences de droit commun du pays du domicile du défendeur. Le demandeur comme le défendeur s'y soumettent tacitement ou expressément en contractant ensemble. Le défendeur ne peut s'en plaindre puisqu'elles dérivent de la loi du pays qu'il habite. Jamais les législations n'ont admis que la juridiction du domicile dût être unique. Ainsi les législations belge et française ont édicté des règles de compétence en matière civile et commerciale qui sont basées, en dehors de celles du domicile, sur des raisons sérieuses et présumées dans la volonté des parties. En France, l'article 420 (C. proc. civ.), en matière commerciale, édicte, à côté de la compétence du domicile, les compétences du lieu de la promesse et de la livraison et du lieu de payement. L'article 52, § 3 de la loi belge de 1876 proclame aussi ces deux dernières compétences. Il n'y a aucune raison pour en priver les parties, alors que le traité est fait dans leur intérêt.

Le projet ne parle que des compétences de droit commun *du pays du domicile du défendeur.* Cette restriction résulte de ce que le défendeur ne doit rencontrer devant lui que des compétences qu'il connaît ou que sa loi lui impose.

Observations générales sur l'article 1 du projet. — Dérogations de l'article 1 aux règles de compétence des législations française et belge et aux dispositions du traité franco-suisse. — Les dispositions des articles 14 et 15 (C. civil français) qui créent dans certains cas pour les Français des compétences privilégiées à raison de leur nationalité, sont abrogées par l'article 1 du projet de traité dans les litiges qui y sont prévus. Il serait injustifié de proclamer cette règle pour les litiges non visés. Ainsi un Français ne pourra plus, après la promulgation du traité, assigner en France, en vertu de l'article 14, un Belge qui n'y possède ni domicile ni résidence; de même un Belge ne sera plus contraint, en vertu de l'article 15, d'assigner en France un Français domicilié en Belgique, alors que ce Français n'a pas renoncé à la juridiction française.

L'article 54 de la loi belge du 25 mars 1876 renferme, selon nous, un privilège de nationalité pour le Belge qui a le droit d'assigner en Belgique un Français non domicilié en Belgique. En effet, le Français ne peut, d'après l'article, opposer dans ce cas l'incompétence, puisque le Belge ne pourrait le faire dans la même situation en France.

Nous nous étendrons plus longuement sur ces conflits de compétence dans le commentaire du projet de traité sur l'exécution des jugements, lorsque nous étudierons dans la troisième partie de ce travail les décisions rendues au sujet des actions personnelles et mobilières.

Les compétences à raison de la nationalité ont été écartées dans les mêmes conditions, mais sans la même précision, lors de la confection du traité franco-suisse.

L'analogie des législations française et belge sur l'administration de la justice et sur le fond du droit permettent l'abrogation de ces lois qui reposent sur la méfiance de la justice étrangère et sur la protection privilégiée que les États accordent à leurs nationaux. Ces raisons doivent disparaître lorsqu'il est question d'entente entre deux peuples.

Les dispositions de la convention franco-suisse ont été modifiées dans l'article 1 du présent projet de traité. Voici les plus importantes modifications :

L'expression générique de *juge naturel* employée dans la convention franco-suisse pour désigner le tribunal compétent dans les précédentes natures d'actions, a été écartée de notre projet. Ces mots, bien qu'indiquant le juge désigné par la maxime *actor sequitur*, c'est-à-dire le juge du domicile, entraînent des controverses dans l'interprétation du traité franco-suisse, par exemple, pour la désignation du juge compétent en matère de société. Il nous a paru préférable de stipuler expressément la juridiction compétente.

On a abandonné également dans la présente convention une compétence dite *du juge du lieu du contrat* qui est édictée dans l'article 1 du traité franco-suisse. C'est la résidence des parties au lieu du contrat et au moment où l'instance s'engage qui en constitue les éléments. Mais la difficulté de bien définir les conditions de cette résidence, le défaut de raison sérieuse pour créer cette nouvelle juridiction nous l'on fait rejeter.

Article 2 du projet de traité.

Art. 2, § 1er. — En l'état des législations belge et française, il y a lieu de maintenir, selon nous, dans ce projet les règles de compétence de ces législations au sujet des actions réelles immobilières. La souveraineté d'une nation impose sa juridiction pour les contestations à l'égard des immeubles situés sur son sol. La juridiction du pays est absolument compétente pour toute action qui a trait directement aux droits de propriété, de possession ou de transmission des immeubles. Il en est de même pour les démembrements de la propriété comme les droits d'usage, d'usufruit, de servitude. Toutefois, si cette compétence résulte de la raison de la souveraineté, elle ne résulte pas, comme le dit souvent la jurisprudence française, de l'article 3, § 2 du Code civil. Cette disposition a rapport à la loi applicable et non aux règles de la compétence.

La disposition de l'article 2, § 1, du projet ne s'harmonise pas avec l'opinion de ceux qui admettent la personnalité du droit et l'autonomie de la volonté du propriétaire, abstraction presque complète étant faite de la souveraineté.

Cette disposition s'écarte de la doctrine et même d'une jurisprudence française qui, interprétant l'article 59 (C. pr. civ.), décident en droit interne que tout Tribunal civil français peut juger une action de cette nature. Il n'y a pas, dit-on, une incompétence *ratione materiæ* pour un autre Tribunal civil que celui de la situation à statuer en matière réelle immobilière. Ce Tribunal, en effet, ne sort pas de ses attributions et respecte l'ordre des juridictions; il n'est donc pas absolument incompétent. (Boitard et Colmet-d'Aâge, *Traité sur la procédure*, article 170; Dalloz, Tribunal d'arrondissement, n° 15; Compétence, n° 34.)

Mais nous pensons que ces doctrines ne peuvent prévaloir actuellement en droit international et que le caractère de la compétence du Tribunal de la situation dans l'un des deux pays doit être absolu. C'est du reste l'esprit de l'article 16 de la loi belge de 1876, qui impose en droit interne la compétence du lieu de la situation, comme les jurisprudences belge et française l'imposent en droit international.

Nous retrouverons encore dans les questions de succession et de faillites les difficultés que soulève le privilège de la juridiction de la souveraineté sur les immeubles.

C'est sous l'inspiration du traité franco-suisse qu'est rédigé l'article 2, § 1 du projet qui s'occupe de certaines actions personnelles concernant la propriété ou la jouissance d'un immeuble. Voici comment s'exprime à ce sujet le protocole du traité franco-suisse :

« On a voulu prévoir les cas où un Français propriétaire en
« Suisse ou bien un Suisse propriétaire en France serait actionné
« en justice, soit par des entrepreneurs qui ont fait des répara-
« tions à l'immeuble, soit par un locataire troublé dans sa jouis-
« sance, soit par toute personne qui, sans prétendre droit à
« l'immeuble même, exercent contre le propriétaire des droits
« purement personnels. »

La pensée du législateur a été d'édicter au sujet de ces natures d'actions une règle de compétence qui est présumée dans la volonté des parties pour éviter des déplacements et pour recourir à une juridiction apte à bien juger. Il ne s'agit que d'une compétence *ratione personæ* qui ne préjudicie pas à celles du traité ou du droit commun. Il n'est question dans cet article que d'actions limitativement désignées contre un propriétaire. Cette clause ne pourrait être relevée par exemple dans le cas d'un action intentée en France contre des défendeurs belges domiciliés en Belgique, par un notaire français qui réclamerait des honoraires au sujet de la vente d'un immeuble français.

Art. 2, § 2. — L'article 2, § 2, stipule des règles de compétence pour certaines actions réelles mobilières, actions qui présentent des difficultés en droit international, parce qu'elles sont mal définies dans les législations.

Pour quelques-unes de ces actions, les jurisprudences française et belge ont des règles analogues de compétence en droit interne bien qu'on les fasse découler de raisons différentes. La juridiction du lieu de la situation des meubles pris *ut singuli* est compétente au sujet des actions qui tendent à la propriété, à la possession, à des privilèges et à des voies d'exécution sur des meubles corporels. Ne sont pas compris dans cette catégorie : les droits de créance incorporels qui entraînent, d'après les jurisprudences, la compétence du tribunal du défendeur; les contestations à l'égard des titres ou valeurs de bourse pour lesquels des lois spéciales d'ordre public en France empêchent une entente avec la Belgique. Il faut laisser en dehors du projet ces actions comme toutes celles qui concernent les navires à cause des conflits des lois sur ces questions.

Selon nous, la juridiction de la situation du meuble est compétente au même titre que la juridiction du lieu de la situation de l'immeuble en matière réelle immobilière; il y a lieu en droit international d'appliquer les mêmes règles. C'est le droit de souveraineté qui impose sa juridiction dans certaines actions mobilières à l'égard des biens situés sur son territoire.

L'article 5 du projet de réforme du Code belge avait admis pour les actions précitées et comprises dans notre projet, que la loi applicable serait la loi du lieu de la situation du meuble. C'est donc l'idée du statut réel qui domine et qui doit faire prévaloir la compétence du Tribunal de la situation.

Quant aux actions en validité de saisie-arrêt qui sont étudiées également dans le commentaire du projet de traité (voir troisième partie), nous proposons de transporter le droit interne belge dans les stipulations du traité. Un seul Tribunal sera compétent pour apprécier la régularité des formes d'une saisie opérée dans l'un des deux pays, son exécution et en même temps le bien fondé de la demande. La jurisprudence française autorise même une juridiction étrangère à statuer sur le fond du droit, par exemple dans les litiges entre étrangers. Cette circonstance permettra plus facilement à l'État français de concéder le régime de la loi belge dans les demandes en validité de saisie-arrêts. En tous cas, il y a là une compétence rationnelle et très justifiée que l'on peut adopter, surtout en droit international pour éviter des demandes d'*exequatur*.

La nécessité pour le saisissant de faire élection de domicile au lieu de la saisie, comme cela a lieu en droit interne, mérite de faire l'objet d'une stipulation précise.

Les autres actions réelles mobilières resteront soumises au droit commun du traité. En France, ces actions sont assimilées aux actions personnelles civiles et commerciales au point de vue de la compétence. La loi belge de 1876, art. 42, regarde ces actions comme ayant un caractère analogue, c'est-à-dire tombant sous l'application de l'article 52 de la même loi.

Article 3 du projet de traité.

Le projet de traité détermine pour les personnes morales suivantes : sociétés civiles et commerciales françaises ou belges, une juridiction internationale compétente dans les deux pays au sujet des contestations sociales. Il s'agit des litiges de cette nature où la société est demanderesse ou défenderesse vis-à-vis des personnes désignées dans l'article 1 du traité. Le Tribunal du principal établissement qui est généralement au siège social, au lieu de concentration de l'administration des intérêts de la Société, sera la juridiction compétente. Nous avons adopté l'expression : « *lieu du principal établissement* », pour imiter les lois française et belge qui ne veulent pas faire du siège social dans tous les cas un lieu de compétence. Ce serait favoriser quelquefois la fraude, et dans d'autres cas, nuire à des tiers qui ont contracté avec la Société.

Sont ainsi abrogées par l'article 3, les règles de compétence des articles 14 et 15 (C. civil franç.) qui, par exemple au sujet de sociétés belges ou françaises ayant leur principal établissement en Belgique, pourraient attraire devant la juridiction française les contestations sociales. Sont reconnues par le projet de traité comme étant des compétences *positives*, les compétences *facultatives* de la jurisprudence française actuelle à l'égard des litiges entre un Belge et une société belge demanderesse ou défenderesse ayant son principal établissement en France.

Dans le cas où une Société civile ou commerciale est *défen-*

deresse, c'est au Tribunal précité qu'elle doit être assignée. Si elle n'a pas de principal établissement, ni de siège social, comme il peut arriver pour des Sociétés en commandite ou en participation, notre disposition n'a pas lieu d'être appliquée. L'article 1 pourra être la règle de compétence et à son défaut les règles du droit commun, c'est-à-dire par exemple le domicile des associés (art. 10 du projet).

Comme les actions sociales peuvent se produire même après la dissolution de la société, il est utile, pour éviter les difficultés soulevées dans la jurisprudence française, de déterminer le juge compétent à cette période et de supprimer pour le traité les mots : « tant qu'elle existe » de l'article 59 du Code de procédure français.

Nous croyons qu'une limite de temps doit être fixée à la compétence de la juridiction. Il n'y a aucune raison pour ne pas imiter les lois belges qui mettent un terme à cette compétence. Nous avons pris le délai de l'article 11 de la loi belge.

S'il est question de litiges qui, vis-à-vis d'une société française ou belge, n'ont aucun rapport avec une contestation sociale, les règles du traité ou du droit commun reprennent leur empire. Nous avons cru utile d'ajouter que dans ce cas également le domicile de la société était au lieu du principal établissement.

La maxime « *actor sequitur* » est en résumé la règle qui inspire les clauses de l'article 3, lorsque cette maxime envisage la situation des personnes morales.

Le Traité franco-suisse n'édicte pas de disposition spéciale pour la compétence en matière de Société. Le présent projet cherche à remédier aux difficultés qui en ont été la conséquence.

La situation des succursales des Sociétés commerciales est étudiée dans les articles 6 et 8 du projet.

Quant aux personnes morales telles que les établissements d'utilité publique, les établissements religieux autorisés ou non, toute personne morale ayant une capacité dans les deux États, les deux jurisprudences les considèrent comme des particuliers soumis aux règles ordinaires de compétence. Il n'y avait donc pas lieu de stipuler pour elles des dispositions spéciales.

Article 4 du projet de traité.

a) *Pluralité des défendeurs. Actions en garantie.* — L'article 4 prévoit le cas de plusieurs défendeurs parmi lesquels se trouvent des Français ou des Belges à la requête d'un Français ou d'un Belge. Les jurisprudences belge et française permettent d'attraire tous les défendeurs, quelle que soit leur nationalité, devant le Tribunal de l'un d'eux. Il en résulte qu'un Belge codéfendeur pourrait être poursuivi devant une juridiction française alors qu'il n'a en France ni domicile ni résidence.

Le projet de traité abroge cette compétence exceptionnelle qui a été transportée par les jurisprudences des deux pays du droit interne dans le droit international. Le codéfendeur français ou belge reste donc avec l'article 4, soumis aux règles de la compétence ordinaire.

Les solutions sont les mêmes en matière de garantie.

Il est intéressant de signaler que l'application de l'article 4 du traité peut se présenter dans le cas d'un Belge assignant en France, en vertu de l'article 1, § 2, un autre Belge, domicilié en France et un Français codéfendeur domicilié en Belgique.

Même application de l'article 4, si un Belge défendeur domicilié et assigné en France, appelle en garantie un Français domicilié en Belgique.

Les jurisprudences française et belge sont ainsi modifiées. Ce qui est une bonne mesure dans l'administration de la justice, quand il s'agit de nationaux dans un même pays, offre des inconvénients en droit international. L'article 4 est l'application de la règle *actor*. C'est du reste ainsi que l'ont compris les législateurs du traité franco-suisse.

b) *Demandes reconventionnelles, incidentes ou connexes.* — Les législations des deux pays regardent ces demandes comme trop intimement liées à l'action principale pour les disjoindre. Cette raison est adoptée par les jurisprudences française et belge en droit international; il y a lieu, selon nous, de la sanctionner dans une disposition du traité.

Il convient de noter ici la situation différente des plaideurs dans les cas de garantie ou de pluralité de défendeurs et celle où déjà réunis dans une instance principale, les plaideurs peuvent aisément faire juger des demandes reconventionnelles, incidentes ou connexes.

Dans le domaine des demandes incidentes se trouvent nécessairement comprises les questions de nationalité, d'état et de capacité que les juges doivent résoudre pour l'application du traité.

Article 5 du projet de traité.

Les dispositions de cet article sont l'application dans les rapports judiciaires des deux pays, de jurisprudences internationales déjà admises.

Les États se réservent de prendre sur leur sol des mesures d'ordre public pour la sauvegarde des personnes et la sécurité des biens. Telle est la raison de la compétence de la juridiction d'un des deux pays pour les mesures urgentes, conservatoires et provisoires, alors même que cette juridiction serait incompétente sur le fond du litige. Cette clause s'applique en matière personnelle ou réelle.

Le traité franco-suisse ne renferme pas une disposition semblable ; mais elle est acceptée comme étant de droit entre les deux contrées. Une controverse s'est élevée à l'occasion de cette convention sur la question du séquestre. Les Tribunaux suisses considèrent cette mesure comme une action ordinaire qui doit suivre les clauses du traité relatives au domicile du défendeur. Les juges français traitent la procédure de séquestre comme une mesure provisoire qui ne préjudicie pas au fond et que des raisons d'ordre public permettent dans tous les pays. C'est cette opinion qui est implicitement consacrée dans le projet du traité.

Article 6 du projet de traité.

§ 1. — Les élections de domicile volontaires et conventionnelles attributives de juridiction pour l'exécution des conventions ne peuvent exister que pour les natures d'actions dans lesquelles les parties ont le droit de choisir ou d'accepter une juridiction. En présence de compétences absolues imposées par le traité ou par le droit commun, les élections faites par les parties seraient nulles.

Le projet de convention admet implicitement ces règles adoptées par les législations.

Les mots « *attributifs de juridiction* » ont été employés pour éviter les controverses sur l'effet des élections de domicile non précisées en matière de compétence.

La jurisprudence française permet en droit interne à un demandeur dans l'intérêt duquel l'élection de domicile est présumée faite, d'assigner soit devant le tribunal du domicile élu, soit devant le tribunal du domicile réel du défendeur (art. 111 C. civ., et 59, § 6, C. proc. civ.). On réserve l'effet d'une clause attributive de juridiction lorsque cette clause est stipulée dans l'intérêt commun des parties ou dans l'intérêt du défendeur.

Le projet de traité supprime ces distinctions et les difficultés d'appréciation qu'elles soulèvent. Une élection expresse ou tacite de juridiction qui se présente au juge avec certitude doit être appliquée avec toutes ses conséquences.

Le projet innove également en accordant une compétence positive à la juridiction française au sujet d'une élection de domicile attributive de juridiction entre un Belge et un étranger. Actuellement la jurisprudence française pourrait d'office ou sur la demande du défendeur se récuser pour juger (1).

Les élections de domicile du projet ne s'entendent que pour les litiges prévus au traité. L'article 10 ci-dessous s'occupe des contestations non prévues, dont quelques-unes provoquent des difficultés spéciales. Le projet ne vise pas les élections tacites qui font l'objet de certaines règles de compétence dans les législations française et belge, par exemple les élections tacites des deux derniers paragraphes de l'article 420 (C. proc. français). Il en est de même pour les élections légales de domicile qui créent des compétences absolues dans les deux pays, comme celles que les législations édictent dans les questions de règlement de frais d'officiers ministériels (art. 60 et 61, C. proc. français), de saisie-exécution (art. 584, C. proc. français).

§ 2. — Le paragraphe final de l'article 6 stipule une règle de compétence internationale entre les Tribunaux des deux pays pour l'élection tacite de juridiction qui résulte des opérations faites dans la succursale d'une maison de commerce. C'est l'application des jurisprudences belge et française qui accordent en droit interne un semblable effet juridique à la succursale, au sujet des actions qui lui sont intentées pour ses opérations.

Toutefois cette compétence n'exclut pas celles du droit commun ou du traité.

Malgré le silence de la convention franco-suisse sur les conséquences des opérations traitées à une succursale au point de vue de la compétence, un certain nombre de décisions judiciaires tranchent la question dans le sens de notre projet (2).

(1) Voir à ce sujet notre ouvrage: *De la Compétence des tribunaux français à l'égard des étrangers, d'après la jurisprudence française.*

(2) Voir le volume précité.

Article 7 du projet de traité.

Le but poursuivi par les législations dans leur droit interne est de réunir toutes les actions relatives à une succession au point de vue de la compétence, sous la juridiction d'un tribunal unique. La même solution est souhaitée, mais peu observée encore dans le droit international. C'est vers cette unité de juridiction que vont tendre, autant que possible, nos propositions.

Le juge du dernier domicile d'un défunt belge ou français, dans l'un ou l'autre pays, devra centraliser les actions successorales. Les obstacles qui s'opposent à ce qu'on transporte en droit international les règles de compétence du droit interne méritent d'être signalés pour qu'on puisse y remédier.

La souveraineté des États revendique son privilège de juridiction pour le règlement des successions immobilières. Quant à la masse mobilière, les législations, la doctrine ou la jurisprudence la font régir soit par le tribunal du dernier domicile du défunt même à l'étranger, soit par la juridiction du juge du domicile d'origine du défunt, à défaut de son domicile réel dans son propre pays. D'autres personnes entendent que la compétence judiciaire soit la même que la compétence législative.

Cette confusion augmente avec les dispositions des articles 14 et 15 du Code civil français, qui créent un privilège de juridiction en France pour les Français, au sujet des successions mobilières de défunts français ou étrangers qui sont ouvertes à l'étranger. Des conflits de compétence presque insurmontables se présentent ainsi entre la France et la plupart des pays étrangers.

Le système du traité franco-suisse renferme des difficultés d'interprétation, à cause de son peu de précision; il satisfait à la fois des auteurs qui préconisent l'unité complète de juridiction et d'autres jurisconsultes qui pensent que la compétence judiciaire doit correspondre à la compétence législative.

Notre projet a pour but de faire prévaloir dans le règlement des successions de Français, de Belges domiciliés dans l'un des deux pays, les idées rationnelles puisées dans la science actuelle et dans les législations des deux peuples dont l'analogie est heureusement très grande.

Disons d'abord que la loi applicable aux litiges successoraux (par exemple : la loi nationale ou la loi du domicile du défunt, selon les systèmes, en matière de rapports, de dévolution, de payement de dettes d'une succession mobilière *ab intestat;* la loi personnelle des héritiers pour leur capacité de recevoir) n'a aucune influence sur la détermination de la compétence. Certaines raisons puisées dans la nature des actions peuvent être invoquées, il est vrai, à la fois dans ces deux ordres d'idées, mais des raisons et des règles différentes les régissent le plus souvent.

Il n'y a pas lieu non plus comme l'ont décidé sans motifs juridiques, certains Tribunaux suisses, d'accorder une prépondérance pour le règlement entier d'une succession, à la juridiction d'où dépendent les immeubles successoraux, sans tenir compte du tribunal de l'ouverture de la succession.

Deux projets de traités sont proposés ici : l'un et l'autre établissent, dans des proportions plus ou moins grandes, l'unité de juridiction pour le règlement des successions mobilières et immobilières de Français ou Belges domiciliés dans l'un des deux pays.

§ 1. — Le premier projet tient surtout compte des jurisprudences et des législations belge et française. Il écarte bien des obstacles qui empêchent l'unité de juridiction et, sans créer complètement cet état, il réalise de réels progrès.

a) *Juridiction compétente.* — En principe, le tribunal du lieu de l'ouverture de la succession, c'est-à-dire le tribunal du dernier domicile du défunt Français domicilié en Belgique ou du Belge domicilié en France, quelle que soit la nationalité des héritiers, est la juridiction qui possède la compétence générale pour le règlement de la succession; la compétence du tribunal du lieu de la masse immobilière, s'il y a des immeubles successoraux dans l'autre pays, n'est qu'une compétence exceptionnelle.

La juridiction du dernier domicile du défunt réglera donc les formalités, l'administration et les actions qui concernent la succession en général. Elle a compétence pour régir la succession mobilière, ainsi que la succession immobilière sise dans le même pays. Enfin, après avoir sursis pour permettre à la juridiction étrangère, de faire, s'il y a lieu, le règlement d'une succession immobilière, elle fixera le règlement définitif de la succession.

La raison de donner une compétence générale à la juridiction du domicile du défunt provient de ce que ce dernier a dû centraliser ses intérêts là où était son domicile. Le juge national qu'on a proposé comme plus compétent, a beaucoup moins de raisons de pouvoir veiller et statuer sur le patrimoine successoral que le juge du domicile. Qu'importe, du reste, au juge national, puisque sa loi devra être appliquée?

Il résulte aussi de la compétence proposée une facilité plus grande pour la liquidation.

L'analogie sur cette question de compétence des législations belge et française en droit interne et en droit international doivent faire accueillir favorablement cette juridiction dans les rapports entre les deux peuples.

La compétence accordée à la juridiction de la situation des immeubles successoraux situés dans l'autre pays, n'est, comme nous l'avons dit, qu'une compétence exceptionnelle pour satisfaire aux lois de souveraineté des deux nations.

b) *Innovations principales du projet de traité.* — Les dispositions du projet ont pour conséquence l'abrogation des articles 14 et 15 (C. civ.), qui empêchent toute harmonie dans le règlement des successions avec la Belgique. Un Français ne pourra plus, par exemple, faire juger en France toute contestation relative à la succession d'un Français ou d'un Belge domicilié en Belgique.

L'abrogation des deux articles français précités a plus d'intérêt ici que dans les questions de contrats. Dans ce dernier cas, les parties peuvent prévoir et modifier les compétences, tandis que l'opposition d'intérêts survenue souvent inopinément par un décès, met obstacle à des accords de compétence.

L'article 7 du projet a une portée différente de celle de l'article 5 du traité franco-suisse sur le règlement des successions. Dans le projet, il s'agit du règlement de la succession d'un Français ou d'un Belge domiciliés dans le pays qui n'est pas celui de leur origine, tandis que la convention franco-suisse ne parle que de Français *morts* en Suisse ou de Suisses *morts* en France, succession qu'elle fait régler par le juge du domicile d'origine. Le projet met fin à des équivoques; le lieu du décès importe peu.

La Belgique n'a aucun intérêt à s'opposer à ces innovations qui consacrent sa jurisprudence sur la compétence générale en matière de succession mobilière. La France, au contraire, devra, comme dans le traité avec la Suisse, abandonner le privilège de juridiction que lui donnent les articles 14 et 15 (C. civ.).

En matière de succession immobilière, les jurisprudences française et belge sont respectées, sauf sur ce point que les actions et les formalités générales relatives à la succession se centralisent devant le tribunal de l'ouverture de la succession.

c) *Actions successorales portées devant la juridiction de l'ouver-*

ture de la succession. — *Formalités.* — *Délais.* — Au lieu d'une énumération toujours incomplète des actions successorales qui peuvent être portées devant le tribunal de l'ouverture de la succession, il est préférable d'émettre une règle générale qui attribue à cette juridiction toutes les actions pouvant avoir un effet juridique sur la consistance, l'administration, la dévolution et le partage définitif de la succession.

On écarte ainsi les difficultés qui se présentent dans l'interprétation du traité franco-suisse pour savoir si les actions matrimoniales, les actions en pétition d'hérédité, en nullité et en rapport de donation sont de la compétence du tribunal de l'ouverture de la succession ou bien si elles doivent suivre les règles ordinaires des actions pures personnelles. De même on résout la difficulté de savoir où doit être assigné l'exécuteur testamentaire.

Il n'y a d'exception que pour toutes les actions spéciales et pour les formalités de partage ou de licitation relatives à la succession immobilière située dans celui des deux pays où la succession ne s'est pas ouverte.

Quant aux formalités, aux formes et aux mesures qui concernent l'ensemble de la succession, c'est devant le tribunal ou devant les autorités du pays où la succession s'est ouverte qu'elles doivent être accomplies, en observant les délais impartis par la loi. Le projet ajoute aux pouvoirs du tribunal la « compétence des autorités constituées ». La raison est qu'une loi belge du 12 juin 1816 fait opérer le partage par un notaire sous le contrôle du juge de paix, ce qui n'a pas lieu en France. Aucune objection, ce nous semble, ne peut empêcher les deux peuples d'accepter dans chaque pays des formes et des procédures qui ne diffèrent que dans des détails.

Une question délicate se présente lorsque les actions doivent être portées devant le Tribunal de l'ouverture de la successoin avec les délais variables dans la législation des deux pays. Ainsi l'action en rescision de partage peut être intentée en France dix ans après ce partage (art. 822, C. civ.); en Belgique, le délai est de deux ans. De même, les délais des actions contre l'exécuteur testamentaire sont différents dans les deux législations. La *lex fori* n'est-elle pas celle qui doit déterminer, abstraction faite de la succession immobilière, la durée des actions contre la succession. C'est la loi qu'a acceptée le défunt qui doit régir la réglementation en principe général de son patrimoine. Cette règle admise écartera bien des difficultés sur les délais pour intenter les actions.

Quant aux lois qui sont d'ordre public, comme en France : la nécessité de ne pas faire de clause d'indivision pendant plus de cinq ans (art. 815, C. civ.), l'effet déclaratif reconnu au partage (art. 883), ces lois, quand elles ne sont pas analogues dans les deux pays, provoqueront, il est vrai, des conflits sur la loi applicable. Il s'agit de savoir si l'on observera la *lex fori*, la loi nationale, ou la loi du dernier domicile du défunt. Mais ces difficultés ne concernent pas la compétence. En tout cas, elles subsisteront, qu'on adopte ou non notre projet.

Des accords du reste peuvent être pris entre les deux puissances sur les conflits qui nuiraient à l'harmonie du traité.

d) *Privilèges et avantages de nationalité. Garanties des héritiers.* — La clause finale de l'article 7 est inspirée par la loi française du 14 juillet 1819, article 2 et par la loi belge du 27 avril 1865 qui sont conçues dans le même esprit. Ces lois accordent un droit privilégié de prélèvement à leurs nationaux sur les biens situés dans leur pays pour les dédommager de l'exclusion dont ils auraient souffert en leur qualité d'héritiers dans la dévolution des biens successoraux à l'étranger. Le traité franco-suisse reproduit la même disposition. En effet, des quotités différentes peuvent être attribuées dans les deux pays à certains successibles : par exemple une loi française du 25 mars 1896 augmente les droits de l'enfant naturel dans la succession de ses père et mère. L'ordre public de l'autre pays peut s'opposer à cette répartition dans le cas précité. Comment résoudre le conflit? Le Tribunal compétent pour le règlement de la succession accordera en général les avantages que les législateurs pourraient accorder aux Belges et aux Français lorsque aucune raison d'ordre public n'y met obstacle. Mais si l'avantage n'est pas accordé soit à cause de l'ordre public, soit à cause d'une loi contraire, le projet de traité donne, après le règlement définitif, un recours aux héritiers devant la juridiction du lieu où sont situés les biens sujets à prélèvement. Cette juridiction verra ainsi son pouvoir souverain et sa législation respectée.

c) *Autorité des décisions judiciaires et caractère de la compétence.* — Toutes les décisions rendues dans les deux pays au sujet des litiges successoraux visés au traité ont autorité de chose jugée. Le projet de convention sur l'exécution des jugements qui est l'annexe du présent projet, accorde cet effet à ces décisions. Toutefois, dès qu'il s'agira d'exécution, dans l'autre pays, il faudra les revêtir de l'*exequatur*. Il en résulte que pour l'autorité comme pour le droit d'exécution, le jugement rendu devra remplir les conditions nécessaires qui sont énumérées dans la convention pour l'exécution des jugements.

Quant au caractère de la compétence, il est relatif et des accords peuvent intervenir sur elle entre les parties, sauf pour les actions qui sont soumises aux règles de la compétence absolue de la souveraineté.

§ 2. — Un second projet de traité en matière de succession est inspiré par les idées modernes d'éminents jurisconsultes et par la législation italienne. Il s'écarte entièrement des jurisprudences des deux pays. De l'étendue et de l'interprétation qui sont données aux droits de la souveraineté sur les biens immobiliers ou mobiliers d'une succession, on déduira des conséquences importantes pour les questions de compétence.

Voici comment s'exprime M. Weiss, page 68, sur la législation qui doit régir la succession entière : « Que vient-on parler de *lex* « *rei sitæ* ? Le patrimoine dont la succession comprend l'univer-« salité est une entité juridique composée de biens corporels, « de biens incorporels, de dettes mêmes à laquelle il est impos-« sible de fixer des limites matérielles et visibles. La seule loi « qui puisse rendre compte de la volonté non exprimée par le « *de cujus*, comme seule elle peut servir à interpréter les clauses « d'un testament incomplet ou obscur, c'est sa loi personnelle « dont il connaît ou est censé connaître les prescriptions et cette « loi doit être appliquée partout où se trouvent les biens hérédi-« taires. »

M. Laurent, tome VII, page 227, exprime les mêmes opinions.

De son côté, l'Institut de droit international votait à Oxford, en 1880, des résolutions analogues.

On réduit dans ce système l'intérêt et le pouvoir de la souveraineté sur les biens meubles et immeubles d'une succession *ab intestat* et on augmente d'autant les effets de la volonté présumée du défunt.

Ce sera la loi personnelle plutôt que la loi du domicile du défunt, d'après l'esprit de ce système, qui régira la succession. Toutefois cette opinion fait fléchir la loi personnelle devant les lois d'ordre public d'un autre pays qui en empêcheraient l'application comme en matière de substitution, de transcription, de formes de vente, de licitation, de séparation des patrimoines.

Tout ce qui précède est du domaine de la loi applicable; recherchons maintenant les lois de compétence. Le principal objectif de ce système étant l'unité de la loi applicable, les règles de la compétence offrent à ses partisans beaucoup moins d'intérêt dès que le Tribunal compétent observe la loi applicable. L'unité de juridiction se conciliant avec l'unité de loi applicable, la compétence du Tribunal du lieu de l'ouverture de la succession devrait être parfaitement accueillie par ce système.

La juridiction compétente centralisera toutes les formalités, toute la procédure, toutes les actions de liquidation et de partage et il n'y aura pas la masse indépendante d'une succession immobilière à régler dans l'autre pays.

La seule concession faite à la souveraineté plus forte que la volonté du défunt à cause des lois d'ordre public, c'est que les formes du partage, de la licitation et de la vente des biens immeubles s'opéreront dans les formes prescrites par le pays où ils sont situés. Ce serait l'application de la loi d'ordre public par le Tribunal de l'ouverture de la succession. Il ne faut pas se dissimuler les graves difficultés que soulèverait actuellement ce système.

Il y aurait lieu d'ajouter à la fin de cette seconde rédaction les dispositions précédentes sur les prélèvements.

Article 8 du projet de traité.

Le projet de traité tend à créer l'unité de juridiction dans les deux pays pour les opérations de la faillite d'un Français qui a son domicile commercial en Belgique ou d'un Belge qui a son domicile commercial en France. On veut supprimer dans ces espèces la pluralité des faillites, conséquence possible des législations et jurisprudences des deux pays, et centraliser les opérations de la faillite pour les rendre plus rapides et plus équitables.

Les règles de compétence adoptées dans ce projet sont puisées dans le système doctrinal de l'universalité de la faillite, dans les dispositions de la convention franco-suisse et dans les jurisprudences analogues des deux pays.

a) *Juridiction compétente pour la déclaration de faillite.* — La juridiction compétente, d'après le projet, pour la déclaration de faillite d'un Français dont le domicile commercial se trouve en Belgique, ou d'un Belge dont le domicile commercial se trouve en France, est le Tribunal de ce domicile. C'est le Tribunal du lieu du *principal établissement* pour les Sociétés françaises en Belgique et pour les Sociétés belges en France. Ces expressions sont celles qu'adoptent les législateurs des deux pays pour désigner d'une façon à la fois large et précise le lieu où se trouvent le siège, le centre et l'administration des affaires commerciales.

b) *Juridictions de droit commun compétentes.* — Le Tribunal du lieu de l'ouverture de la faillite ne peut être compétent dans certains litiges qui, bien que soulevés à l'occasion d'une faillite, doivent être soumis aux règles de compétence du traité ou du droit commun.

Les controverses qui se sont élevées dans les jurisprudences française et belge, au sujet du Tribunal compétent pour certaines actions personnelles et mobilières relatives à la faillite, nous ont conduit à faire les distinctions du projet de traité. C'est surtout la jurisprudence qui en est l'inspiratrice; il serait trop long de les commenter dans ce travail.

c) *Effets du jugement déclaratif de faillite.* — Le jugement déclaratif de faillite possédera ainsi que toutes les décisions à intervenir pendant les opérations, l'autorité de la chose jugée. Cette autorité est octroyée par le projet de traité sur l'exécution des jugements qui accompagne la présente convention.

Parmi les conséquences de l'autorité de la chose jugée, il faut signaler l'interdiction dans l'autre pays de pouvoir prononcer une autre faillite pour la même personne, c'est-à-dire pour les personnes ci-dessus désignées. L'exception de la *res judicata* pourra être opposée. Le failli sera dessaisi de l'administration de ses biens.

Dans le même ordre d'idées, la production du jugement déclaratif de la faillite permettra au syndic de prendre dans les deux pays des mesures conservatoires, d'ester en justice, d'apposer des scellés, de recouvrer des créances, mesures dont la légalité est contestée pour certaines d'entre elles. En effet, on puise aujourd'hui les droits du syndic, avant l'*exequatur* du jugement déclaratif, dans le mandat légal dont il est investi par ce jugement (1). La limite du mandat est difficile à définir et amène des controverses. Le projet de traité faisant dériver les pouvoirs des syndics de l'autorité de la chose jugée du jugement déclaratif, les

____

(1) Voir : *De l'exécution des jugements étrangers d'après la jurisprudence française*, par Charles Lachau et Ch. Daguin, p. 87.

controverses n'ont plus raison d'être; le syndic aura son pouvoir défini, mais il ne pourra poursuivre des actes d'exécution sur les biens dans l'autre pays, tant qu'il n'aura pas fait revêtir de l'*exequatur* le jugement déclaratif.

C'est au moyen de cette dernière procédure que le syndic pourra notamment prendre hypothèque au nom de la masse sur les biens du failli et vendre les biens.

Le choix de ces juridictions est basé sur les mêmes raisons que celles invoquées en droit interne dans les législations française et belge. Ces compétences transportées en droit international dans les espèces précitées ne doivent rencontrer, ce nous semble, aucune objection. On supprime ainsi les dispositions des articles 14 et 15 (C. civ.), qui jettent de la confusion dans la détermination du Tribunal de l'ouverture de la faillite. En effet, en vertu de ces articles, un Français peut faire déclarer en faillite, en France, un Belge commerçant à l'étranger qui n'est pas domicilié en France, comme un Belge peut être obligé de faire déclarer, pour satisfaire à la loi française, la faillite, en France, d'un Français qui n'a pas d'établissement commercial en France, mais qui n'a pas renoncé à la juridiction française.

Le projet de traité résout ensuite d'autres difficultés qui peuvent se présenter dans les cessations de payements de Français ou de Belges. Si un Belge commerçant n'a qu'une succursale en France et son principal établissement dans un pays autre que la France et la Belgique, la faillite pourra être prononcée par le Tribunal de la succursale. Il en sera de même dans le cas d'un Français qui ne possède dans les deux pays qu'une succursale en Belgique. L'unité de juridiction n'existant pas entre nos deux pays et les peuples voisins, il est utile pour les créanciers de ces deux nations d'avoir une juridiction dans l'endroit où le Français ou le Belge possède un établissement commercial. Tout au moins n'y aura-t-il, dans ce cas, qu'une faillite en France et en Belgique, au lieu de deux faillites qu'il faudrait ajouter à celle de l'établissement principal dans un pays tiers.

Si le Belge ou le Français ont des succursales en France et en Belgique, ce sera le Tribunal du lieu de la principale succursale qui sera compétent.

Les motifs pour prononcer l'état de cessation des payements sont ceux de la *lex fori*. Ils sont les mêmes dans les deux jurisprudences.

Il convient de signaler une différence entre la loi belge et la loi française pour la faillite d'un commerçant décédé. Le Code de commerce français (art. 437, C. com.) ne permet de la prononcer que dans l'année du décès; la loi belge ne renferme pas de dispositions à cet égard; il y a lieu pour cette hypothèse soit de laisser prédominer la *lex fori* qui édicte dans cette espèce une loi d'ordre public, soit de faire des stipulations spéciales.

d) *Opérations de la faillite.* — Le projet de traité s'explique sur la centralisation devant la juridiction compétente des formalités et de la procédure à suivre pour les opérations successives de la faillite. C'est la *lex fori* qui en est la régulatrice.

Le syndic devra observer pour la vente des biens, meubles et immeubles, la législation du pays de la situation. C'est une garantie que la souveraineté revendique pour l'exécution des biens du failli, mesure qui se lie au crédit et au régime de la propriété.

Le prix en sera partagé conformément à la loi du pays de l'ouverture de la faillite entre les créanciers de toute nationalité, mais la conséquence du respect de la souveraineté entraîne que les droits de préférence, de privilèges, d'hypothèques qui grèvent les biens meubles et immeubles de l'autre pays soient régis par la loi du lieu de la situation.

e) *Incapacités et réhabilitation du failli.* — Au point de vue de son incapacité commerciale, la situation du failli est subordonnée à la loi du pays de l'ouverture de la faillite. Les incapacités qui en résultent auront effet dans les deux pays, puisqu'elles dérivent de l'autorité de la chose jugée du jugement déclaratif (1). Mais le projet réserve aux États les droits de souveraineté qui leur appartiennent pour les conséquences pénales des agissements du failli, telles que l'incarcération et les poursuites en banqueroute.

Tous les auteurs sont d'accord pour attribuer au Tribunal qui a prononcé la faillite, compétence pour réhabiliter le failli. Ce jugement aura autorité de chose jugée dans l'autre pays, pourvu qu'il en réunisse les éléments.

f) *Concordat.* — Le concordat, qui n'est que la suite de la procédure de la faillite, et les actions qui le concernent, comme les demandes en nullité, en résolution, sont régis par la compétence législative et judiciaire du lieu de la faillite.

Le jugement d'homologation aura autorité de chose jugée,

_____

(1) Voir notre étude : *Étranger ou Français failli et réhabilité dans un pays étranger.* Journal *Le Droit*, 18 novembre 1893.

pour les raisons déjà exprimées vis-à-vis des créanciers de toute nationalité ayant ou non adhéré au concordat. L'*exequatur* lui sera seulement nécessaire pour produire des actes d'exécution dans l'autre pays.

Le projet de traité met ainsi un terme dans les espèces qui y sont prévues, aux jurisprudences hésitantes sur la valeur juridique du concordat intervenu à l'étranger. Les uns admettent qu'il faut que le jugement soit revêtu de l'*exequatur* pour avoir vis-à-vis de tous autorité et force exécutoire dans l'autre pays; les autres voient dans le concordat un contrat judiciaire toujours opposable à ceux qui ont adhéré; d'autres enfin disent qu'il suffit que le jugement déclaratif ait été rendu exécutoire pour que le concordat ait autorité de chose jugée.

g) Concordat préventif. — Sursis. — Liquidation judiciaire. — En France et en Belgique, des lois récentes ont cherché à remédier aux graves conséquences de la faillite en édictant des procédures qui permettent aux commerçants de l'éviter par de prompts accords avec leurs créanciers ou par des délais de grâce. Telles sont les mesures prises en Belgique par l'article 593 (C. com.), la loi belge du 20 juin 1883; en France par la loi de la liquidation judiciaire du 4 mars 1889. Les auteurs se sont divisés à propos du traité franco-suisse sur la question de savoir si la mesure du sursis ne constituait pas une grave atteinte aux droits des créanciers des autres pays et ne devait pas par là même être repoussée au nom de l'ordre public.

Certains auteurs pensent que ces procédures et les jugements qui les consacrent doivent avoir autorité de chose jugée, tout au moins dans les rapports entre la France et la Suisse. C'est cette opinion que consacre le projet actuel en ne leur refusant pas, d'une manière générale, l'autorité de la chose jugée. L'unité de la faillite étant admise par suite de l'analogie des législations et des principes qui les régissent, il n'y a pas lieu de repousser ces mesures qui sont prises dans un intérêt général. En tout cas, on pourra toujours dans l'un ou l'autre pays ne pas accepter l'autorité de la chose jugée si la décision était contraire à l'ordre public.

h) Publicité. — Nous puisons dans les règles adoptées par l'Institut de droit international en 1891, la rédaction précise qui est relative à la publicité des opérations de la faillite.

Article 9 du projet de traité.

Les lois belge et française ont la plus grande analogie pour la constitution, l'administration et la compétence des Tribunaux en matière de tutelle et de conseil judiciaire.

Les difficultés que la diversité des législations crée en cette matière délicate, sont diminuées entre nos deux pays et facilitent une loi commune.

Des considérations puisées dans l'ordre public et dans la nécessité de sauvegarder certains incapables, permettent de prendre dans le projet des mesures réciproques de protection.

Le projet de traité écarte implicitement les divergences de jurisprudence sur le droit soit de donner un tuteur ou un conseil judiciaire à un étranger, soit de reconnaître un domicile légal à un Français résidant à l'étranger.

§ 1. — Il faut examiner d'abord le projet relatif à la tutelle des mineurs et des interdits.

Incapables non compris dans le traité. — Le projet ne s'occupe pas de la situation des aliénés non interdits qui sont régis en France par la loi du 30 juin 1838 et en Belgique par la loi du 18 juin 1850, modifiée par plusieurs lois postérieures créant du reste un système analogue au système français. Notons toutefois que l'hypothèque légale pèse en Belgique sur l'administrateur de ces incapables et pas en France. Il s'agit dans ces législations de mesures d'ordre administratif et de police qui ne rentrent pas dans le cadre de nos questions.

Le projet ne vise pas non plus les mesures que peut prendre l'assistance publique pour les mineurs sans patrie, sans parents et sans ressources qui résident dans un pays.

Il n'est pas également question ici de l'interdiction légale considérée comme conséquence d'une condamnation pénale qui n'a d'effet juridique que sur le sol où elle a été prononcée.

Incapables visés dans le traité. — *Tribunal ou autorités compétentes pour la tutelle.* — Le projet s'occupe des mineurs ou des interdits français et belges qui habitent et sont domiciliés, lors de la constitution de la tutelle, dans le pays autre que celui de leur origine. A cause de la difficulté ou de la facilité de constituer une tutelle, selon les circonstances, il existe des dispositions différentes dans le projet.

a) L'incapable français ou belge, à la tutelle duquel il faut pourvoir, possède son domicile ou sa résidence dans le pays qui n'est pas celui de son origine. Le Tribunal compétent pour les formalités de la constitution de la tutelle sera le Tribunal du domicile ou de la résidence. C'est là où sont ses intérêts, ses relations, c'est là où sa situation est connue et où la protection sera la plus efficace. Du reste, les deux législations admettent en droit interne que la tutelle a son siège au domicile de l'incapable lors de l'événement qui la provoque. Il convient de suivre les mêmes errements pour les incapables dont nous nous occupons, au lieu par exemple de transporter le siège de la tutelle dans le pays d'origine où les conditions de surveillance et de relations ne sont pas les mêmes.

Les lois française et belge indiquent les personnes qui doivent pourvoir à la tutelle qui se présente dans les conditions précédentes. Toutes les garanties se trouvent réunies dans cette espèce.

b) S'il n'est pas pourvu à la constitution de la tutelle dans le pays étranger à l'incapable, au lieu du domicile et de la résidence, par suite de l'inaction ou de l'éloignement des parents, un autre domicile doit être constitué. Le projet de traité propose celui où se trouve le plus proche parent dans l'autre pays, qui est dans l'espèce le pays d'origine. On rattachera ainsi l'incapable aux parents qui lui restent, et on les incitera à provoquer la tutelle à un domicile reconnu par la loi. La législation du pays d'origine parera ainsi aux difficultés.

c) En cas de négligence, d'absence, de mort de toutes les personnes qui peuvent constituer la tutelle, le consul du pays de l'incapable devra intervenir. C'est son devoir et son droit de mettre en mouvement les autorités judiciaires et administratives pour organiser la tutelle. Cette initiative consulaire est admise dans beaucoup de traités entre la France et divers pays. Elle est du droit des gens dans tous les cas.

Organisation et administration de la tutelle. — Loi applicable. — Hypothèque légale. — L'organisation de la tutelle se fera devant les autorités où le Tribunal compétent dans les formes et les conditions prescrites par la loi nationale de l'incapable. Les autorités locales sont constituées dans les deux pays avec de telles analogies qu'elles peuvent se suppléer les unes les autres. Les différences se produisent dans des détails sans importance. En tout cas, la règle « *locus regit actum* » recevrait son application.

Le Tribunal du lieu de l'ouverture de la tutelle est compétent pour toutes les contestations relatives à la tutelle ; ses décisions ont autorité de chose jugée, d'après le projet de traité sur l'exécution des jugements. Elles doivent toutefois être rendues exécutoires pour produire des effets d'exécution sur les biens dans l'autre pays.

La loi nationale du mineur doit être observée pour les questions d'administration de la tutelle. Les biens meubles et immeubles de l'incapable sont régis par la législation du pays où ils sont situés. La souveraineté a plus que jamais le droit de s'intéresser à toute modification du patrimoine.

Il est bien entendu que les mesures provisoires et conservatoires nécessaires pour la personne et les biens de l'incapable peuvent être prises dans les deux pays. Du reste, ce droit est inscrit dans l'article 5 du projet.

La loi belge du 16 décembre 1851 fait peser sur le tuteur belge l'hypothèque légale, même pour une tutelle déférée à l'étranger. Cette mesure est adoptée dans le projet actuel à l'égard du tuteur français dans les mêmes conditions.

§ 2. *Conseil judiciaire.* — L'article 9 s'occupe également du sort d'un prodigue dans les deux pays. Sa situation étant une diminution ou une dépendance de celle de l'interdit, il y avait lieu de le comprendre sous les mêmes lois. Le prodigue français qui a son domicile ou sa résidence en Belgique, comme le prodigue belge qui a son domicile ou sa résidence en France, pourra être muni d'un conseil judiciaire, par les Tribunaux du domicile ou de la résidence. Les conditions, les formalités, l'administration prescrite par la loi nationale seront observées dans l'un et l'autre pays.

Article 10 du projet de traité.

L'article 10 qui stipule le retour aux règles de compétence du droit commun pour les litiges non prévus dans le projet de traité, est l'application d'une règle juridique admise par les deux législations. Cependant, il est utile de l'insérer ici pour éviter les difficultés soulevées dans d'autres traités, sur l'étendue et les conséquences de ces traités.

C'est ainsi que l'interprétation de l'article 11 du Traité franco-suisse, disposition générale malheureusement confuse, amène certains tribunaux français ou suisses à prononcer leur incompétence absolue pour tous les litiges non compris dans la convention, alors qu'ils pourraient proclamer leur compétence en vertu du droit commun de leur propre législation. Il en résulte que le Traité franco-suisse établit un régime beaucoup moins libéral que celui du droit commun des deux pays dans certaines contestations dont nous donnerons un exemple.

Les effets bienfaisants de toute la convention de 1869 sont compromis à cause de l'interprétation donnée à l'article 11.

Les dispositions de l'article 10 du présent projet évitent toute difficulté sur les points suivants :

Le traité ne peut prévoir des règles de compétence pour tous les litiges ; il ne le fait que pour ceux où une entente diplomatique est facile et utile. Le droit commun reprend son empire pour les contestations non prévues. Ce dernier effet se produit par exemple au sujet des questions d'état et de capacité non visées dans le projet. Nous ne comprenons pas parmi ces dernières actions à cause de leur nature d'ordre purement pécuniaire, les séparations de biens qui rentrent dans les litiges dont s'occupe le traité.

Pour les questions d'état et de capacité, le droit commun appliquera donc entre des Belges en France et entre des Français en Belgique les règles de compétence de la jurisprudence. Ces règles sont pour la France le système contesté de l'incompétence *ratione personæ*, et en Belgique la compétence ordinaire du domicile du défendeur.

Au contraire, avec les termes ambigus du traité franco-suisse, les tribunaux français et suisses se déclarent absolument incompétents dans les questions d'état et de capacité entre Suisses en en France et entre Français en Suisse.

L'article 10 édicte également que les dispositions du traité sur la compétence ne sont pas toutes obligatoires pour les parties. La convention renferme un ensemble de règles de compétence : les unes intéressent la souveraineté et l'intérêt général des États et les parties ne peuvent y déroger ; les autres sont de pur intérêt privé présumées dépendre de la volonté des parties, et par suite, modifiables par elles.

Il résulte des lois de procédure et de compétence des deux pays, que la *lex fori* détermine le tribunal spécialement compétent sur son territoire. C'est ainsi que la compétence des tribunaux civils ou de commerce sera édictée par la *lex fori*. Cette règle de droit interne était inutile à insérer dans la convention que nous avons essayé de rendre aussi courte que possible pour qu'elle fût claire et précise.

DEUXIÈME PARTIE

DISPOSITIONS DU PROJET DE TRAITÉ SUR L'EXÉCUTION DES JUGEMENTS

Nous arrivons à l'examen des clauses du projet sur l'exécution réciproque des jugements entre la France et la Belgique en matière civile et commerciale.

Avant de commenter les dispositions renfermées dans cette partie du traité, il est utile de rappeler en quelques mots les jurisprudences des deux pays sur l'exécution des jugements étrangers.

En France, la jurisprudence suit le système dit « *de la revision*; » on l'appuie sur les articles 2123 du Code civil et 546 du Code de procédure civile. Ces articles sont les suivants:

« ART. 546. — Les jugements rendus par les tribunaux étran-
« gers et les actes reçus par les officiers étrangers, ne seront
« susceptibles d'exécution en France que de la manière et dans
« les cas prévus par les articles 2123 et 2128 du Code civil. »

« ART. 2123 *in fine*. — L'hypothèque ne peut pareillement
« résulter des jugements rendus en pays étrangers qu'autant
« qu'ils auront été déclarés exécutoires par un tribunal français,
« sans préjudice des dispositions contraires qui peuvent exister
« dans les lois politiques ou dans les traités. » L'article 2128 est
sans intérêt pour la question.

Les tribunaux français interprètent ces dispositions en disant que les tribunaux chargés de rendre exécutoires les décisions étrangères doivent reviser au fond ces sentences pour qu'elles aient soit autorité de chose jugée (*exceptio rei judicatæ*), soit force exécutoire en France. Je sais bien qu'un arrêt isolé de la Cour de Cassation du 27 novembre 1827 accordait à ces juge-ments l'autorité de la chose jugée, mais non l'*imperium*. Cet arrêt n'a rien modifié au système de la revision. Il était du reste illogique, puisqu'il voulait la revision du jugement au fond, alors qu'il donnait autorité de la chose jugée à ce même jugement.

Les tribunaux français, pour donner autorité ou rendre exécu-toire une décision étrangère, doivent en outre rechercher si

— 48 —

cette décision remplit certaines conditions toujours exigées du reste dans tous les systèmes. Ces garanties sont celles qui concernent les questions de savoir :

Si le jugement est définitif et exécutoire;

Si les parties ont pu se défendre;

Si le jugement étranger ne blesse pas les lois d'ordre public du pays où il doit être exécuté;

Si le jugement a été rendu par un juge compétent.

Des exceptions sont toutefois admises dans *le système de la revision*. On ne revise pas certaines sentences étrangères, lorsque les parties ne veulent s'en servir que pour l'autorité de la chose jugée. Mais la revision est nécessaire si on veut leur faire produire une exécution sur les personnes ou sur les biens. Ces sentences spéciales sont celles qui, d'après la jurisprudence, constatent ou le statut personnel en matière d'état et de capacité ou des faits juridiques comme la cessation des payements d'un commerçant. Rentrent aussi dans cette catégorie les jugements qui émanent des juridictions volontaires, gracieuses et non contentieuses, comme la nomination de tuteurs, de curateurs, etc. Les conditions générales relevées tout à l'heure sont toujours exigées pour donner autorité de chose ou force exécutoire à ces décisions étrangères (1), c'est un minimum de garanties.

Un système dit « *de la non-revision* », soutenu par beaucoup d'auteurs français lutte contre cette opinion de la jurisprudence et le texte de la loi en main, dit que l'*exequatur* ne comporte que l'exécution à accorder aux jugements étrangers, l'autorité de la chose jugée leur étant acquise, sauf le contrôle des garanties nécessaires. Quant à la revision, le Code civil l'a abrogée; elle n'était du reste admise que dans certains cas par l'ordonnance de 1629 (2).

En Belgique, la jurisprudence dont nous nous occupons repose sur l'interprétation de l'article 10 de la loi du 25 mars 1876 :

« Les tribunaux de première instance connaissent enfin de
« l'exécution des jugements étrangers en matière civile et en
« matière commerciale. S'il existe entre la Belgique et le pays
« où la décision a été rendue un traité conclu sur la base de la
« réciprocité, leur examen ne portera que sur les cinq points
« suivants :

(1) *Exécution des jugements étrangers, op. cit.*, p. 11.

(2) *Eod. loc.*, p. 9, et *Observ. sur l'exécution les jugements étrangers*, par Ch. Lachau, 1re série, p. 7.

« 1° Si la décision ne contient rien de contraire à l'ordre
« public, ni aux principes du droit public belge;

« 2° Si, d'après la loi du pays où la décision a été rendue, elle
« est passée en force de chose jugée;

« 3° Si, d'après la même loi, l'expédition qui en est produite
« réunit les conditions nécessaires à son authenticité;

« 4° Si les droits de la défense ont été respectés;

« 5° Si le tribunal étranger n'est pas uniquement compétent
« à raison de la nationalité du demandeur. »

Je laisse de côté la question de l'existence ou de l'abrogation
de la loi belge du 9 septembre 1814 qui interdisait en Belgique
l'exécution des jugements français. Des décisions du tribunal
civil, de la Cour d'appel et de la Cour de cassation de Belgique
ont décidé en 1888 (Pas., 1887, 2, 125 et 304; Pas., 1888, 1, 81)
que cette loi était abrogée. En tout cas, notre projet en serait
l'abrogation formelle.

La loi du 25 mars 1876 a prévu les stipulations, l'économie
d'un traité à venir, mais n'a pas réglé le droit commun quand il
n'y pas de traité. Toutefois, la jurisprudence belge se rattache
aux dispositions de cette loi. Elle maintient d'abord ses anciennes
règles. Un jugement étranger n'a ni autorité de chose jugée, ni
force exécutoire. Pour l'obtenir en Belgique, il faut qu'il soit
revisé et que de plus il satisfasse aux garanties exigées par la
loi de 1876 (Cass. belge, 19 janvier 1882). Affaires de Bauffremont,
Dalloz, 1882, 1, 36.

Les exceptions à ces règles générales sont les mêmes que
celles que je signalais dans la jurisprudence française.

Dans les deux jurisprudences, les parties ne peuvent renoncer
au droit de revision (1).

Dès 1876, une opposition s'était élevée en Belgique contre
cette jurisprudence. Voici comment en parle M. Humblet dans un
article du *Journal de Droit international privé*, année 1877, p. 344 :
« Le projet primitif de la loi de 1876 élaboré par la Commission
« parlementaire ne contenait point cette distinction; qu'il existât
« ou non un traité, il ne devait pas y avoir lieu à revision au
« fond. Procéder à cette revision, disait M. Albéric Allard, rap-
« porteur, c'était confondre la force exécutoire avec l'autorité
« de la chose jugée, l'*imperium* avec la juridiction. Le système

______

(1) C. Bruxelles, 26 juin 1891. Pas., 91. 2, 117. Liège, 28 avril 1891. Pas.,
91, 3, 352. Voir pour la France les arrêts cités : *Exécution, op. cit.*, p. 11.

« est, d'ailleurs, impolitique et condamné par les principes du
« droit international. »

Le projet de traité modifie ces législations et ces jurisprudences; il exauce le vœu de la loi belge du 25 mars 1876, qui
prévoit des traités à faire.

Ce sera la première fois que la loi belge recevra sa consécra-
tion. Je serais heureux que ce fût avec la France, ce pays voisin
et ami qui vit avec les mêmes mœurs, les mêmes principes juridiques et qui, dans l'équilibre européen, souffre des mêmes bou-
leversements et se réjouit des mêmes bonheurs!

Un ministre français, s'adressant aux Belges réunis à Paris
pour fêter le cinquième anniversaire de la fondation de la
Chambre de commerce belge, ne disait-il pas, il y a quelques
jours, que « l'on était à se demander si les deux pays n'en fai-
saient pas qu'un seul! »

La règle principale qui domine notre projet est que les jugements des deux pays auront autorité de chose jugée et pourront
être exécutés sur l'autre territoire sous la garantie d'un contrôle
bien délimité qui rassure la souveraineté des États et sauvegarde
les intérêts privés.

CHAPITRE Ier.

JUGEMENTS COMPRIS DANS LE PROJET DE TRAITÉ.

Sont comprises dans le projet toutes les sentences contentieuses, de juridiction gracieuse ou les décisions qui constatent,
comme il a été dit, des faits matériels et juridiques en matière
civile et commerciale. Nous en faisons une énumération appro-
fondie dans la troisième partie de ce travail. Le projet ajoute :
« sentences arbitrales » pour éviter toute controverse future, ces
sortes de jugements s'étant vu contester le droit à l'*exequatur*,
lorsqu'il s'agit d'arbitrages volontaires. Du moment qu'un arbi-
trage est légalement exécutoire dans un pays, on ne voit pas
pourquoi il n'aurait pas le sort des autres sentences et n'obtien-
drait pas dans un autre pays la force exécutoire ou l'autorité de
la chose jugée.

Il faut remarquer : 1° Que le traité comprend les mêmes jugements que ceux qui sont susceptibles d'*exequatur* sous le régime
actuel des deux jurisprudences, soit pour obtenir la force exécutoire, soit pour posséder l'autorité de la chose jugée; 2° que la

présente convention sur l'exécution des jugements comprend non seulement les décisions sur les litiges visés au traité de compétence, mais aussi toutes celles sur des litiges en dehors de cette convention.

Les jugements rendus en matière criminelle n'ont aucune autorité extraterritoriale et pas plus que les actions civiles qui y sont jointes, elles ne peuvent être rendues exécutoires. (Trib. Lille, 18 juillet 1895, V. *Exécution des jugements étrangers, op. cit.,* p. 20.)

CHAPITRE II.

CONDITIONS ET GARANTIES NÉCESSAIRES POUR DONNER AUTORITÉ DE CHOSE JUGÉE OU POUR ACCORDER L'EXÉCUTION AUX JUGEMENTS DE L'AUTRE PAYS.

Le projet de traité stipule implicitement que les garanties exigées sont les mêmes pour donner autorité de chose jugée ou pour accorder l'*exequatur* au jugement étranger. Nous les examinerons. Mais il importe de constater qu'on met ainsi fin à des discussions subtiles et sans intérêt pour savoir quelles garanties il faut demander dans l'un ou l'autre cas. Or, ces garanties étant un minimum, elles sont les mêmes et doivent être réclamées dans toutes les espèces; elles le sont toujours en fait soit dans les questions d'état et de capacité, etc., soit dans les jugements de nature contentieuse. Bien entendu, il faudra pour l'*exécution* d'un jugement dans l'autre pays obtenir l'*exequatur*, ce qui n'est pas toujours nécessaire pour exciper de la chose jugée.

On apporte aussi un terme à la question qui s'élève dans le système dit de la revision, pour savoir si l'autorité de la chose jugée n'entraîne pas elle-même une exécution. Cette discussion se produit par suite de la volonté des partisans du système de la jurisprudence de reprendre à nouveau et dans tous les cas le fond du procès.

Examinons maintenant les différentes conditions exigées des sentences étrangères par le projet de loi. Ce sont les mêmes garanties qui sont comprises dans l'article 10 de la loi belge. Elles touchent à des intérêts de souveraineté et d'ordre public et à des intérêts privés.

a) L'article 12, § 1, du projet entend qu'on respecte dans les jugements étrangers les droits des souverainetés qui concernent l'indépendance des États, les immunités accordées à eux ou à leurs représentants, les compétences spéciales qui intéressent les souverainetés, comme en matière réelle immobilière.

b) L'article 12, § 1, du projet entend également que les sentences étrangères observent les lois d'ordre public international qui sont obligatoires pour tout le monde sur un territoire. Ces lois qui ne peuvent faire l'objet d'une énumération, sont écrites on non écrites, appréciées comme ayant ou non ce caractère dans un pays et pas dans un autre. Citons parmi ces lois : celles sur l'exception de jeu, les lois françaises de 1872 sur la revendication et l'opposition à négociation des valeurs mobilières perdues ou volées, les lois de statut personnel, les lois de compétence d'un pays prises en général. Cette classification des lois de la compétence n'empêche pas les législations d'admettre que certaines de ces compétences soient *ratione personæ*, comme celles des articles 14 et 15 du Code civil français et selon nous, du § 5 de l'article 10 de la loi du 25 mars 1876.

c) L'article 12, § 2, du projet stipule que la décision étrangère doit être définitive, exécutoire et qu'elle ait force de chose jugée dans le pays où elle a été rendue. La défense des parties et les citations ont dû être faites dans les formes légales. Peut-être pourrait-on prendre quelques mesures spéciales pour les jugements par défaut. Mais il est impossible de s'arrêter aujourd'hui à ces points secondaires du projet, à cause des règles générales qui absorbent notre travail.

Il faut parler de la même manière de l'article 12, § 3, du projet qui fixe la procédure à suivre pour obtenir l'*exequatur*. Il vaut mieux, à notre avis, adopter à cet égard les règles du droit commun et faire procéder devant les tribunaux civils aux demandes d'*exequatur* au lieu d'adopter des règles de procédure dont il sera question dans le traité franco-italien.

d) Le § 4 de l'article 12 du projet est rédigé dans des termes nouveaux qui ne se trouvent dans aucune loi ou dans aucun traité. Toutefois il n'y a pas dans cette clause, selon nous une innovation, mais la précision d'une règle de droit international. Le Tribunal, saisi de la demande d'*exequatur*, doit apprécier la compétence du Tribunal qui a rendu la sentence avec la législation du pays étranger et avec sa propre législation.

La raison qui a dicté cette règle de la compétence appréciée à un double point de vue, est d'obvier à des discussions qui se sont élevées sur ce point.

Quel est le rôle du juge chargé d'une instance d'*exequatur*? Il faut qu'il recherche d'abord si lui seul était compétent dans l'instance. De son étude il ressortira que le juge étranger était ou non compétent.

Or, comment le juge saisi de l'instance d'*exequatur* ferait-il ce travail sans s'inspirer de la législation qui est celle de son pays en matière de compétence? Il examinera ensuite la compétence du juge étranger par rapport à la législation étrangère. Mais pourquoi le fait-il? Parce que sa propre législation lui ordonne de le faire en matière d'*exequatur*? C'est donc bien d'après sa propre législation sur la compétence que le juge saisi de l'*exequatur* doit apprécier les règles de compétence.

Admettre l'opinion contraire et vouloir la compétence unique du Tribunal qui a rendu le jugement dont on demande l'*exequatur* dans un pays étranger, ce serait permettre à une partie d'éluder une juridiction compétente *ratione materiæ*, en allant porter son procès à l'étranger pour faire déclarer ensuite la sentence exécutoire par la juridiction qui était seule compétente.

Cette clause du projet est du reste une des garanties les plus efficaces pour les intérêts privés. Son application entraîne la conséquence que le Tribunal qui a rendu une décision dont on demande l'*exequatur* était un Tribunal compétent qui offre des garanties pour bien juger le fait et le droit.

CHAPITRE III.

INNOVATION DU PROJET DE TRAITÉ QUI REPOUSSE LA REVISION DU FOND DE LA SENTENCE ÉTRANGÈRE PAR LE JUGE SAISI DE LA DEMANDE D'« EXEQUATUR. »

Le système de non revision qui existe dans plusieurs législations et dans tous les traités peut-il être accueilli dans les relations de la France et de la Belgique?

Quels inconvénients pourraient en résulter?

Le droit de revision est la négation de la procédure d'*exequatur*, c'est ce qui empêche que cette procédure ne se développe et ne produise ses effets bienfaisants.

Voici comment s'exprime à cet égard M. Bonfils, doyen de la Faculté de Toulouse (1) :

(1) *Observations sur l'exécution des jugements étrangers*, 1re série, p. 10, par Charles Lachau.

« Si la subtilité se trouve quelque part, c'est bien plutôt dans
« l'opinion qui admet que reviser un jugement au fond, le modi-
« fier, le détruire, juger quelquefois tout le contraire, ne soit
« que le rendre exécutoire et que c'est encore le jugement étran-
« ger, bien que bouleversé et détruit, qui est mis en exécution.
« Le bon sens et le dictionnaire protestent contre cette interpré-
« tation... Si l'on admet un nouvel examen et de nouveaux
« débats, le Tribunal français prononce un nouveau jugement. »

M. Glasson, dans une note parue dans Dalloz 1892, 1,609, dit
que l'*exequatur* est la « dénationalisation » du jugement étranger.
Il n'en reste rien après l'*exequatur* et la jurisprudence française
en arrive logiquement à juger, comme l'a fait un récent arrêt de
cassation du 9 février 1892 (Dalloz, 1892, 1, 609,) que c'est le
jugement français qui, seul, est à exécuter. Quant au jugement
anglais qui, dans l'espèce, contenait implicitement la solidarité
des dépens, il était jugé que ses effets juridiques n'ont par eux-
mêmes aucun effet en France.

Autant dire qu'il n'y a plus d'*exequatur!* Le jugement étranger
n'a plus ni autorité ni force exécutoire admises même après
l'*exequatur*.

La revision du jugement étranger est le renouvellement du
procès déjà jugé à l'étranger par un Tribunal compétent. Les
frais et la longueur de temps sont doublés pour se faire rendre
justice; l'insolvabilité du débiteur se produit. La renonciation à
leur droit, ou un nouveau procès à faire au principal sont les
alternatives des plaideurs qui poursuivent l'exécution d'une
obligation.

Le système de la revision en arrive à ne plus accepter dans un
pays que les seules décisions de ses magistrats locaux.

Les avantages de la non-revision sont de supprimer les précédents inconvénients et de transplanter en entier, après un
contrôle suffisant, le jugement étranger dans une autre contrée.

On écarte ainsi les jurisprudences variables et les sous-systèmes
du système de la revision, sans parler de l'ordonnance de 1629
quelquefois appliquée. Citons quelques exemples :

Avec l'opinion de la revision, le juge saisi de la demande
d'*exequatur* accepte, en tout ou en partie, le jugement étranger.
Il modifie une sentence qui cependant a été rendue par un juge
compétent et souvent plus à même de décider le fond du procès.
Nous avons des décisions récentes sur ces *exequatur in parte qua*
(Seine, 30 novembre 1895. *Le Droit*, 1ᵉʳ janvier 1896; Paris,

21 novembre 1895. *Le Droit*, 7 décembre 1895). D'autres auteurs sont d'avis que le système de la revision doit laisser intact le jugement étranger qu'on veut rendre exécutoire. (Voir *Observations sur l'exécution des jugements étrangers, op. cit., 1re série*).

De même, il arrive qu'un Tribunal incompétent, pour statuer sur un procès, s'arroge, en vertu du droit de revision, le droit de le refaire. Cette circonstance se produit lorsque les plaideurs de différentes nationalités ont convenu légalement d'une juridiction dans un pays et ont plaidé devant elle. Que l'une des parties porte ensuite, par une instance principale, son action devant la juridiction d'un autre pays, cette juridiction se récusera. Mais que cette juridiction incompétente soit saisie d'une demande d'*exequatur*, elle revisera au fond le jugement étranger (1).

Écartons donc les entraves de la revision et qu'un jugement ait autorité de chose jugée et force exécutoire dans l'autre pays, sauf le contrôle nécessaire. Telle est la règle implicitement contenue dans le projet.

Sur quel motif est basée la revision? On la fait généralement reposer sur un seul motif, et je regrette de le voir si souvent consigné dans les jugements (2). C'est la méfiance qu'a le juge reviseur contre les magistrats étrangers. Or, s'ils se méfient tous les uns des autres avec la même âpreté, c'est qu'ils ont une valeur ou une infériorité égales. Le plaideur n'a donc pas d'intérêt à être jugé au fond par ceux-ci plutôt que par ceux-là.

Les intérêts privés seront-ils sauvegardés malgré la non-revision du fond du procès? Quels dangers peuvent-ils courir? Ils sont jugés ici par un Tribunal reconnu compétent en France et en Belgique. Les magistrats qui composeront le Tribunal sont soumis aux mêmes règles pour l'administration de la justice, pour leur recrutement, pour la législation qu'ils observent. Les avocats puisent leurs arguments dans les mêmes textes de lois, dans les mêmes autorités de doctrine.

Les décisions des Tribunaux sont rendues impartialement. Il s'agit ici d'intérêts privés à régler par application de textes qui ne comportent aucune passion.

Du reste, le système de la non-revision est adopté dans le droit commun des principaux peuples voisins. *En Italie*, la loi sur l'exécution des jugements est renfermée dans l'article 941 et suivants du Code de procédure de 1866. Voici quels en sont les termes :

« ART. 941. — La force exécutoire est donnée aux sentences « des autorités judiciaires étrangères par la Cour d'appel dans le « ressort de laquelle elles doivent être exécutées, à la suite « d'une instance en délibation dans laquelle la Cour examine : « 1° si la sentence a été prononcée par l'autorité judiciaire com- « pétente; 2° si elle a été rendue, les parties régulièrement « citées; 3° si les parties ont été légalement présentées ou léga- « lement défaillantes; 4° si le jugement étranger ne contient « aucune disposition contraire à l'ordre public ou au droit public « interne du royaume.

« ART. 942. — Les parties intéressées doivent être citées par « voie sommaire et le ministère public doit être entendu. La « partie qui provoque le jugement de délibation doit présenter « la sentence étrangère en forme authentique; si l'exécution « d'une sentence étrangère est requise par voie diplomatique et « que la partie intéressée n'ait pas constitué de procureur qui « provoque le jugement de délibation, la Cour d'appel, sur la « requête du ministère public, désignera d'office un procureur « qui intentera l'action. »

Nous reproduisons de même les termes des articles 660 et 661 du *Code de procédure civile allemand* de 1877 :

« ART. 660. — Le jugement d'un Tribunal étranger ne sera pas « mis à exécution, qu'autant que cette exécution aura été décla- « rée admissible par un jugement d'exécution.

« La demande, tendant à l'obtention de ce jugement, sera « portée devant le Tribunal de bailliage, ou devant le Tribunal « régional, dans le ressort duquel le débiteur aura son domicile « judiciaire général, ou, à défaut de ce Tribunal, devant le Tri- « bunal de bailliage ou le Tribunal régional, devant lequel le « débiteur peut être actionné conformément à l'article 24.

« ART. 661. — Le jugement d'exécution sera rendu sans que « le Tribunal ait à examiner si la décision est conforme à la loi « (sans examen du fond).

« Le jugement d'exécution ne sera pas rendu :

« 1° Lorsque le jugement du Tribunal étranger d'après le droit « qui régit ce Tribunal n'aura pas encore acquis l'autorité de la « chose jugée;

« 2° Lorsque l'exécution aura pour effet de contraindre à l'ac-
« complissement d'un acte, à l'égard duquel la contrainte ne
« peut être exercée, d'après le droit qui régit le Tribunal alle-
« mand appelé à statuer sur l'admissibilité de l'exécution forcée ;

« 3° Lorsque, d'après le droit qui régit le Tribunal allemand
« appelé à statuer sur l'admissibilité de l'exécution forcée, les
« Tribunaux de l'État auquel appartient le Tribunal étranger
« n'étaient pas compétents ;

« 4° Lorsque le débiteur condamné sera de nationalité alle-
« mande et ne se sera pas défendu devant la juridiction qui a
« prononcé, à moins que l'assignation ou l'ordonnance introduc-
« tive d'instance ne lui ait été signifiée personnellement dans
« l'État où siège le Tribunal qui a été saisi de l'affaire, ou, à
« moins que la signification n'ait eu lieu, dans l'empire d'Alle-
« magne, par voie de commission rogatoire ;

« 5° Lorsque la réciprocité ne sera pas garantie. »

Voici un extrait du rapport de sir G.-G. Phillimore au Congrès
de l'Association de Droit international à Bruxelles, en octobre 1895,
sur l'exécution des jugements étrangers *en Angleterre.*

« La théorie de l'exécution des jugements étrangers est plei-
« nement admise et établie par la loi anglaise ; elle est due à la
« *Comitas* qui rend exécutoire l'obligation créée par le jugement
« étranger. Le jugement étranger est regardé de prime abord
« (*prima facie*) comme la preuve de la cause de l'action ; ce pre-
« mier effet peut être écarté en montrant qu'il a été obtenu par
« fraude ou qu'il est contraire aux principes du droit interna-
« tional ou jugé par une juridiction incompétente.

« En même temps le fond du jugement étranger ne sera pas
« examiné, et le Tribunal anglais ne se constituera pas comme
« une Cour d'appel du Tribunal étranger.

« Un jugement étranger, quand il est invoqué par le défendeur
« en réponse à une action devant un Tribunal étranger, s'il con-
« tient tous les éléments de la chose jugée, sera considéré comme
« tel et arrêtera l'action du demandeur. Ce dernier, en réponse,
« ne peut attaquer ce moyen de chose jugée... »

Il n'en est pas de même pour les jugements par défaut où les
Cours anglaises revisent le fond du jugement étranger, du moins
en principe.

En Espagne, le Code de procédure n'admet pas la revision,
mais il veut la réciprocité (Silvela, J. D. I. P., 1881, p. 20).

En Grèce, c'est le système de l'ordonnance de 1629 qui prévaut; pas de revision pour les jugements rendus à l'étranger entre étrangers, mais revision dans le cas où l'une des parties se trouverait être un régnicole.

Cette revue rapide de quelques législations modernes permet de constater que les législateurs écartent le droit de revision dès qu'on se trouve en présence de décisions qui sont entourées des garanties d'une bonne justice et qui ne troublent pas l'ordre public du pays où l'*exequatur* est demandé. La clause de réciprocité est insérée dans quelques législations et repose sur des raisons indifférentes à celles sur lesquelles on base le droit de revision.

CHAPITRE IV.

EXAMEN DES CONVENTIONS ENTRE LA FRANCE ET DIVERS PAYS SUR L'EXÉCUTION DES JUGEMENTS. — TRAITÉS DES AUTRES PUISSANCES. — TRAVAUX DES CONGRÈS.

Il y a un grand intérêt pour l'élaboration de notre projet à connaître les divers traités que la France a passés avec d'autres puissances sur nos questions, et à jeter ensuite un coup d'œil général sur les conventions des autres nations ainsi que sur les travaux des Congrès.

En dehors des emprunts qui peuvent y être faits, on verra quelle a été la marche de la science au sujet soit de la revision des sentences étrangères dont on sollicite l'*exequatur*, soit des garanties exigées pour l'exécution des jugements, soit de la similitude des garanties réclamées pour accorder l'autorité de la chose jugée ou l'exécution des jugements étrangers.

§ 1er. — Les traités *franco-sardes* devenus les traités *franco-italiens* après l'annexion de la Sardaigne à l'Italie, sont ainsi conçus :

« *Traité de limites et de juridiction conclu à Turin, le 24 mars 1760 entre la France et la Sardaigne* » : « ART. 22, « § 3. — Pour favoriser l'exécution réciproque des décrets et « jugements, les Cours suprêmes déféreront de part et d'autre « à la forme de droit aux réquisitions qui leur seront adressées « à ces fins, même sous le nom desdites Cours. »

« *Déclaration échangée à Turin le 11 septembre 1860 entre la*

France et la Sardaigne pour l'exécution réciproque des décrets et jugements des Cours supérieures selon la forme du droit : « Dési-
« rant écarter à l'avenir toute espèce de doute et de difficulté
« dans l'application que les cours des deux pays sont appelées à en
« faire (de l'article 22 ci-dessus), les gouvernements de France
« et de Sardaigne, à la suite d'explications mutuellement échan-
« gées, sont convenus qu'il doit être interprété de la manière
« suivante :
    « Il est expressément entendu que les Cours, en déférant à la
« forme du droit aux demandes d'exécution de jugements rendus
« dans chacun des deux États, ne devront faire porter leur
« examen que sur les trois points suivants :
    « 1° Si la décision émane d'une juridiction compétente ;
    « 2° Si elle a été rendue, les parties dûment citées et légale-
« ment représentées ou défaillantes ;
    « 3° Si les règles du droit public ou les intérêts de l'ordre
« public du pays où l'exécution est demandée, ne s'opposent pas
« à ce que la décision du tribunal étranger ait son exécution.
    « La présente déclaration servira de règle aux tribunaux res-
« pectifs dans l'exécution du § 3 de l'article 22 du traité de 1760. »
    L'esprit de ces conventions se rapproche beaucoup des dispo-
sitions du projet actuel ; pas de revision du fond du procès ;
mêmes garanties stipulées pour obtenir l'exécution ou donner
autorité de chose jugée, selon nous. Les difficultés de compétence à l'occasion des articles 14 et 15 (C. civ. fr.) subsistent
notamment, puisqu'aucun traité de compétence n'est intervenu
entre la France et l'Italie (1).
    Les modifications au traité franco-italien faites dans notre
projet se rencontrent dans les termes employés pour la stipulation de la compétence de la juridiction qui a prononcé la sentence ; dans la procédure pour demander l'*exequatur*. Nous avons
abandonné la procédure des lettres rogatoires d'une Cour à une
autre, qui était une source de difficultés.
    Ce traité rend des services surtout aux Italiens en France,
puisque la nouvelle loi italienne sur la procédure d'*exequatur* est
applicable aux jugements français. Voici comment s'exprime
Eperson, à ce sujet :
    « Il est de la plus grande importance que la déclaration

(1) Voir à ce sujet notre premier commentaire du projet de traité : Journal
Le Droit, 18 septembre 1895.

« de 1860 soit considérée comme entièrement efficace, autrement
« il est à craindre que le principe consacré par la Cour de cassa-
« tion de Florence et la Cour de Brescia, le 17 novembre 1875, ne
« soit également admis par la jurisprudence française. En effet,
« il est facile sous le prétexte que l'expression « à la forme du
« droit » autorise à mettre en pratique le système de la revision
« qui a prévalu en France et que ce système soit appliqué
« aux jugements italiens. Ce serait là, comme le fait observer
« M. Dubois, un résultat désagréable, un vrai retour en arrière
« en matière de droit international, puisqu'actuellement les tri-
« bunaux français n'examinent pas à nouveau le fond des juge-
« ments italiens. » J. D. I. P., 1884, p. 371.

La France n'a pas regardé le traité comme abrogé; c'est
l'opinion du reste de certaines Cours italiennes (1).

§ 2. — *Traité franco-badois du 16 avril 1846 et conventions addi-
tionnelles du traité de paix de Francfort, le 11 décembre 1871,
pour l'Alsace et la Lorraine.*

Ce traité est rédigé dans les termes suivants :
« ART. 1er. — Les jugements ou arrêts rendus en matière
« civile et commerciale par les tribunaux compétents de l'un des
« deux États contractants, emporteront hypothèque judiciaire
« dans l'autre ; en outre, ils seront exécutoires lorsqu'ils auront
« acquis l'autorité de la chose jugée, pourvu toutefois que les
« parties intéressées se conforment aux dispositions de l'ar-
« ticle 3 ci-après.

« ART. 2. — Sera réputé compétent : 1° le tribunal dans l'arron-
« dissement duquel le défendeur a son domicile ou sa rési-
« dence ; 2° de plus, en matière réelle, celui dans l'arrondisse-
« ment duquel est situé l'objet litigieux ; 3° en matière de suc-
« cession, le tribunal du lieu où la succession est ouverte ; 4° en
« matière de Société, quand il s'agit de contestations entre
« associés ou de plaintes portées par des tiers contre la Société,
« le tribunal dans l'arrondissement duquel elle est établie ;
« 5° le tribunal dans l'arrondissement duquel les parties ont élu
« domicile pour l'exécution d'un acte.

(1) Cassation française, 7 juillet 1862 ; 5 novembre 1878 ; 5 mars 1888 ;
30 janvier 1867. Voir : *Exécution des jugements étrangers, op. cit.* : Cass.,
Turin, 30 janvier 1875 et 20 mars 1876. J. D. I. P., 1876 ; p. 217 ; Cour Milan,
23 juillet 1875, *cod. loc.*, pp. 307 et 79.

— 61 —

« Art. 3. — La partie, en faveur de laquelle un jugement aura
« été rendu dans l'un des deux États et qui voudra s'en servir
« dans l'autre État, soit pour faire preuve de la chose jugée, soit
« pour opérer la saisie des biens du débiteur qui se trouvent
« dans cet État, sera tenue de produire une expédition dûment
« légalisée du jugement, avec la preuve de la signification et un
« certificat du greffier constatant qu'il n'existe contre le juge-
« ment ni opposition ni appel.

« S'il ne s'agit que de l'inscription d'une hypothèque judi-
« ciaire, il suffira d'une expédition légalisée du jugement et d'un
« acte constatant la signification. Sur la production de ces pièces,
« le jugement sera déclaré exécutoire soit par la Cour royale ou
« d'appel, soit par le Tribunal de première instance du lieu du
« domicile du débiteur ou de la situation des biens, suivant que
« la décision émanera du premier ou du second degré de juri-
« diction. »

*Convention additionnelle au traité de paix du 10 mai 1871, entre
la France et l'Allemagne, signé à Francfort le 11 décembre 1871 :*
« ... Il est également convenu que les dispositions de la conven-
« tion franco-bavaroise du 16 avril 1846, sur l'exécution des
« jugements, du traité d'extradition... et de la convention franco-
« bavaroise du 21 mars 1815, sur la garantie réciproque de la
« propriété des œuvres d'esprit et d'art, seront provisoirement
« étendues à l'Alsace-Lorraine, et que dans les matières aux-
« quelles ils se rattachent, ces trois arrangements serviront de
« règles pour les rapports entre la France et les territoires
« cédés. »

Ce double traité admet implicitement la non-révision du fond
des sentences. Les garanties qu'il demande au jugement qui doit
recevoir l'*exequatur*, ou avoir autorité de chose jugée, sont toujours les mêmes que dans les autres conventions de cette nature.

Les législateurs du traité ont compris l'importance de la compétence en matière d'*exequatur*. Un progrès est réalisé, mais ces
dispositions de compétence spéciales à l'*exequatur* et exceptionnelles sont trop restreintes. *Quid* quand la compétence des tribunaux n'est pas réglée? Est-ce le droit commun, est-ce le traité
qui doit fournir des règles, ou bien doit-il s'ensuivre un refus
d'*exequatur*? (1)

(1) Voir Trib. Orthez, 10 juillet 1890, J. D. J. P. 1875, p. 813.

§ 3. — *Traité franco-suisse du 15 juin 1869.*

La première partie de la convention s'occupe de la compétence judiciaire des Tribunaux dans les contestations entre Français et Suisse entre Suisses et entre Français, entre un Français et un Suisse avec un étranger.

Cette partie du traité a fait l'objet de nombreuses remarques et critiques dans le commentaire de notre projet de loi sur la compétence judiciaire.

La deuxième partie du traité n'est qu'une conséquence de la première. La compétence étant réglée, dans beaucoup de litiges, la procédure d'*exequatur* est affranchie de ses plus grandes difficultés. Voici comment est rédigé ce traité au point de vue qui nous occupe. Je signale seulement qu'il n'admet pas la révision du fond du procès et que les garanties demandées au jugement qui doit être exécuté, sont toujours de la même nature. Elles sont les mêmes selon nous, pour donner autorité ou force exécutoire au jugement étranger.

« ART. 15. — Les jugements ou arrêts définitifs en matière
« civile et commerciale rendus, soit par les Tribunaux, soit par
« des arbitres, dans l'un des deux États contractants, seront,
« lorsqu'ils auront acquis force de chose jugée, exécutoires dans
« l'autre, suivant les formes et sous les conditions indiquées
« dans l'article 16 ci-après :

« ART. 16. — La partie en faveur de laquelle on poursuivra,
« dans l'un des deux États, l'exécution d'un jugement ou d'un
« arrêt, devra produire au Tribunal ou à l'autorité compétente
« du lieu ou de l'un des lieux où l'exécution doit avoir lieu :

« 1° L'expédition du jugement ou de l'arrêt légalisée par les
« envoyés respectifs, ou, à leur défaut, par les autorités de
« chaque pays;

« 2° L'original de l'exploit de signification dudit jugement ou
« arrêt ou tout autre acte qui dans le pays tient lieu de significa-
« cation;

« 3° Un certificat délivré par le greffier du Tribunal où le
« jugement a été rendu, constatant qu'il n'existe ni opposition,
« ni appel, ni autre acte de recours;

« Sur la représentation de ces pièces, il sera statué sur la de-
« mande d'exécution, savoir : en France, par le Tribunal réuni
« en chambre du conseil, sur le rapport du juge commis par le

« président et les conclusions du ministère public; et en Suisse,
« par l'autorité compétente dans la forme prescrite par la loi.
« Dans l'un et l'autre cas, il ne sera statué qu'après qu'il aura
« été adressé à la partie contre laquelle l'exécution est pour-
« suivie une notification indiquant l'heure où il sera prononcé
« sur la demande;

« ART. 17. — L'autorité saisie de la demande d'exécution
« n'entrera point dans la discussion du fond de l'affaire. Elle ne
« pourra refuser l'exécution que dans les cas suivants :

« 1° Si la décision émane d'une juridiction incompétente;

« 2° Si elle a été rendue sans que les parties aient été dûment
« citées et légalement représentées ou défaillantes;

« 3° Si les règles du droit public ou les intérêts de l'ordre pu-
« blic du pays s'opposent à ce que la décision de la juridiction
« étrangère y reçoive son exécution.

« La décision qui accorde l'exécution et celle qui la refuse ne
« seront point susceptibles d'opposition, mais elles pourront être
« l'objet d'un recours devant l'autorité compétente dans les
« délais et suivant les formes déterminées par la loi du pays où
« elles auront été rendues.

« ART. 18. — Quand le jugement emportera contrainte par
« corps, le Tribunal ne pourra ordonner l'exécution de cette
« partie de la décision, si la législation du pays ne l'admet pas
« dans le cas dont il s'agit au jugement.

« Cette mesure ne pourra dans tous les cas être exercée que
« dans les limites et suivant les formes prescrites par la loi du
« pays où l'on poursuit son exécution.

« ART. 19. — Les difficultés relatives à l'exécution des juge-
« ments et arrêts ordonnés conformément aux articles 15, 16,
« 17, seront portées devant l'autorité qui aura statué sur la
« demande d'exécution. »

§ 4. — *Traités des autres Puissances.*

Voici comment est formulée la *convention italo-serbe* du
1er mars 1880. (J. D. I. P., 1881, p. 153.)

« ART. 12. — Les arrêts en matière civile et commerciale
« prononcés par les Tribunaux de l'un des deux États contrac-
« tants et dûment légalisés auront dans le territoire de l'autre la
« même force que les arrêts prononcés par les Tribunaux du

« pays. Néanmoins lesdits arrêts ne pourront être exécutés et ne
« produiront leurs effets, quant aux hypothèques, qu'après que
« le Tribunal compétent du pays où ils doivent recevoir leur
« exécution les aura déclarés exécutoires à la suite d'un juge-
« ment prononcé dans la forme sommaire et dans lequel il sera
« constaté : 1° que l'arrêt a été prononcé par une autorité judi-
« ciaire compétente; 2° que la citation des parties ait été faite
« régulièrement; 3° que les parties ont été légalement représen-
« tées ou légalement déclarées contumaces; 4° que l'arrêt ne
« contient aucune disposition contraire à l'ordre public et au
« droit public de l'État.

« Les arrêts dont il est parlé ci-dessus devront être accompa-
« gnés d'une traduction dûment légalisée dans la langue du pays
« où ils doivent recevoir leur exécution ou en français. »

Donc pas de revision du fond de la sentence dont on demande
l'*exequatur*, et mêmes garanties exigées de cette décision.

Le traité de la Serbie avec l'Autriche-Hongrie, du 8 juin 1881,
J. D. I. P. 1881, p. 181 est rédigé dans le même esprit; il s'occupe beaucoup de l'exécution des sentences arbitrales. Son système à cet égard est celui qui est adopté dans notre projet de
traité.

Le traité *Hispano-Italien*, du 30 juin 1851; (Daguin, p. 319 et
Eperson, J. D. J. P., 1881, p. 371), n'a plus d'intérêt parce qu'actuellement les Codes italiens et espagnols ont les mêmes règles
sur l'exécution des jugements étrangers : pas de revision, garanties habituelles, réciprocité exigée.

Enfin, on signale dans le même sens des traités entre l'Italie et
les Républiques américaines. (Daguin, *op. cit.*, p. 336.)

§ 5. — *Travaux des Congrès.*

Les Congrès ont encouragé par leurs travaux les résultats im-
portants que nous signalons dans l'exécution des jugements
étrangers. *L'Association pour la réforme et la codification du
droit des gens* a émis, à Milan, en 1883, les règles suivantes à ce
sujet :

« Il importe qu'un accord international s'établisse sur l'exécu-
« tion des jugements étrangers en matière civile et commerciale.

« Il est donc très à désirer qu'une conférence officielle inter-
« nationale se réunisse à cet effet, comme cela a été proposé par
« le gouvernement néerlandais en 1874.

« La Conférence propose les bases suivantes :

« 1° Le jugement doit être rendu par un juge compétent. Des
« règles de compétence uniformes doivent être déterminés par la
« convention qu'établira l'union internationale ci-dessus men-
« tionnée ;

« 2° Les parties doivent avoir été dûment assignées ;

« 3° S'il s'agit d'un jugement par défaut, la partie contre
« laquelle il a été rendu doit avoir eu connaissance du litige et
« la possibilité de s'y défendre ;

« 4° Le jugement ne doit rien contenir qui soit contraire ni à
« la moralité, ni à l'ordre, ni au droit public de l'État où il doit
« être exécuté ;

« 5° Le jugement doit être exécutoire dans le pays où il a été
« rendu ;

« 6° Le juge requis pour l'exécution ne doit pas examiner au
« fond le débat, mais seulement s'enquérir de l'existence des
« conditions légales susmentionnées ;

« 7° Un jugement étranger qui remplit ces conditions doit
« produire les mêmes effets qu'un jugement national, soit qu'on
« en requière l'exécution, soit qu'on s'en serve comme de chose
« jugée ;

« 8° Les formes et les moyens de l'exécution doivent être ré-
« glés par la loi du pays où l'exécution a été demandée.

« Pour les États qui n'entreront pas dans cet accord, la confé-
« rence exprime le vœu que l'application de ces bases s'obtienne
« de fait par voie d'uniformité dans leurs législations respec-
« tives. »

Toutefois, les règles de compétence promises ne sont pas arri-
vées. On tentait un travail trop difficile en l'état des législations,
celui de réunir la plupart des nations sous les mêmes lois de
compétence. Aussi, la Conférence, tenue à Bruxelles en octobre
1893, a-t-elle été plus sage en votant : 1° qu'un travail serait
rédigé qui résumerait les jurisprudences des différents pays sur
l'exécution des jugements étrangers ; 2° qu'il fallait d'abord des
traités entre peuples voisins avant de songer à un état d'union
général dans les questions présentes (1).

Le Congrès de l'Institut de droit international a voté dans une
de ses dernières sessions des résolutions qui se rapprochent

____

(1) Voir : *Bulletin de la Société de législation comparée*, 1888, p. 163, et
1890, p. 310.

beaucoup de la plupart des idées de progrès que nous avons émises. (Voir Weiss. *op. cit.*, p. 830.)

Que ressort-il de tous ces travaux théoriques, jurisprudentiels, législatifs? C'est que la science marche et que le but à atteindre pour l'exécution des jugements étrangers est bien défini.

Le projet que nous proposons est la résultante de ces études et de ces expériences; il repose sur des raisons pratiques que l'on ne peut accuser d'utopie.

TROISIÈME PARTIE.

EXAMEN RÉSUMÉ DES LITIGES SOUMIS AUX DISPOSITIONS DU PROJET DE TRAITÉ OU RESTANT SOUS L'EMPIRE DES RÈGLES ACTUELLES EN MATIÈRE DE COMPÉTENCE OU D'EXEQUATUR.

Après avoir étudié l'économie du projet de traité, il est utile de donner une vue d'ensemble de son application dans les litiges civils ou commerciaux.

Notre but est d'indiquer le régime actuel des deux jurisprudences au point de vue de la compétence et de l'*exequatur* et de signaler les modifications apportées par le projet.

Nos observations présentent un intérêt spécial en matière d'*exequatur*, alors que nous n'avons pas fait jusqu'ici la revue des sentences qui peuvent obtenir l'autorité de la chose jugée ou le droit d'exécution dans les deux pays. Il convient de remarquer à ce sujet que le projet de loi accorde l'autorité de la chose jugée ou l'*imperium* aux mêmes sentences qui peuvent actuellement l'obtenir. Les conditions et les garanties seules sont changées. Nous recherchons dans le travail suivant quelles décisions sont actuellement susceptibles de recevoir l'*exequatur*, et par *a contrario* quelles décisions ne pouvant l'obtenir ne tomberont pas sous les dispositions du traité?

Les diverses espèces de litiges vont être classées en quatre ou cinq groupes. Les actions qui provoquent les décisions judiciaires sont, en effet, de quatre ou cinq natures différentes. Avec cette classification on parcourra rapidement le champ des espèces qui peuvent se produire, et on pourra apprécier les effets du projet de traité.

Si des erreurs sur la jurisprudence belge se produisent dans l'étude délicate à laquelle nous allons nous livrer, elles ne modifieront pas la méthode générale adoptée pour raisonner sur les règles en matière d'*exequatur* ou de compétence.

§ 1. — *Actions qui ont leur source dans le droit des gens des nations.*

Ces actions se produisent dans les différends entre souverains ou entre souverains étrangers et particuliers.

Ce sont les seules lois du droit des gens relatif aux rapports des nations entre elles qui peuvent régler l'exécution à l'étranger des sentences qui s'appuient sur ce droit public spécial. Dans ces natures d'actions, on doit respecter l'indépendance des États ou les immunités dues à leurs représentants. Le projet de traité ne vise pas ces actions. Il n'y a que dans le cas où les souverainetés se regardent comme de simples particuliers et abdiquent leurs immunités, que les lois de droit international privé s'appliquent : alors les actions dont il est question tombent sous les règles des actions civiles et commerciales qui vont suivre (1).

§ 2. — *Actions où la souveraineté des États est intéressée sans qu'il y ait lieu à l'application des lois du droit des gens des nations.*

a) *Actions réelles immobilières.* — Les décisions sur cette nature d'actions, qui ont pour but direct un immeuble dans un pays, entraînent rarement des demandes d'*exequatur*. Cependant on peut prévoir l'hypothèse où une personne a intérêt à invoquer à l'étranger la chose jugée sur une question de propriété d'immeubles. Les conflits de législation ne se produiront pour l'*exequatur* ni sur la loi applicable, ni sur la compétence, qui sont réglés dans ces natures d'actions par des législations identiques dans les deux pays. La loi belge respecte le statut réel français, comme la loi française reconnaît le statut réel belge. Il faudrait une erreur grave et invraisemblable du juge pour se tromper sur la législation ou sur la compétence dans une sentence et priver son arrêt d'avoir autorité de chose jugée dans l'autre pays ou d'y recevoir l'*exequatur*. Le projet de traité ne fait que confirmer ces règles de droit commun.

b) *Actions réelles mobilières.* — Le raisonnement est le même

(1) *Compétence des trib. français à l'égard des étrangers, op. cit.*, p. 1 et suiv.

dans certaines de ces actions que les deux législations placent sous l'empire du statut réel, par exemple les actions en matière de possession et de privilèges à l'égard des meubles pris *ut singuli* (1). La compétence du pays où est situé le meuble est absolue, et aucune difficulté ne se présente sur la question de savoir quel est le Tribunal compétent; cependant des lois d'ordre public spéciales à chaque nation ou des conflits de règles de compétence peuvent empêcher l'*exequatur* d'être accordé.

Voici deux espèces où ni l'autorité de la chose jugée, ni l'exécution ne seraient accordées en Belgique à une décision française. Un jugement est rendu en France en vertu de la loi de juin 1872, sur une revendication et une opposition à négociation, en France, de titres perdus ou volés appartenant à une société belge. La décision française ne sera pas susceptible d'exécution en Belgique parce qu'elle est basée sur une loi d'ordre public interne française, qui a contre elle en Belgique, dans plusieurs de ses applications, la loi sur la possession des meubles ; or, probablement, comme en France, cette loi est appréciée comme étant d'ordre public (2).

En matière de saisie-arrêt et d'instance en validité de saisie-arrêt, qui sont bien des actions réelles mobilières, il convient d'examiner la jurisprudence des deux pays. En Belgique, le Tribunal du lieu de la saisie est compétent pour l'instance en validité entre toutes personnes. En France, le Tribunal du lieu de la saisie n'est compétent que pour les mesures conservatoires et pour la saisie-exécution. Il ne sera compétent pour l'instance en validité que si d'autres raisons lui accordent cette compétence.

Un conflit de compétence et par suite un refus d'*exequatur* se produira en Belgique à l'égard d'un jugement français qui aurait statué sur la demande en validité d'une saisie en Belgique. Toute la question est de savoir si l'on regarde en Belgique la compétence du Tribunal du lieu de la saisie comme une compétence absolue. Le projet de traité fixe des règles de compétence dans ces dernières natures d'actions et met fin aux controverses.

c) *Actions en matière de propriété industrielle ou littéraire.* — Les décisions de cette nature ne présentent pas des difficultés différentes des autres sentences pour obtenir l'autorité de la

(1) Bruxelles, 9 août 1876. Pas., 77. 2. 12; 11 avril 1888, Pas , 88. 2. 325; Weiss, *op. cit.*, p. 580.

(2) *Compétence des trib. français à l'égard des étrangers, op. cit.*, p. 38.

chose jugée ou recevoir la force exécutoire. Les règles de la procédure d'*exequatur* leur sont appliquées avec la revision du fond du jugement, d'après les jurisprudences actuelles de France et de Belgique. L'adoption du projet sur l'exécution des jugements créerait des règles différentes et plus rationnelles.

Les traités d'union de 1883 et 1886 ont paré aux conflits en ce qui touche la législation applicable. Cependant on peut supposer un refus d'*exequatur* par suite de l'opposition d'une loi d'ordre public. Ainsi, en France, on ne permet pas de brevets d'invention pour les remèdes médicinaux. Par suite, un jugement belge concernant une contrefaçon de brevet en cette matière, si tant est que la Belgique n'ait pas la même législation, ne pourrait recevoir d'exécution en France.

Quant à la compétence de la juridiction qui doit statuer, elle est regardée par la législation des deux pays comme absolue; une seule juridiction est compétente. Chaque pays impose sa juridiction pour statuer sur les infractions de cette nature. Le projet de traité, comme nous l'avons dit dans la première partie, n'apporte aucun changement aux règles existantes.

Il faut raisonner ici comme en matière d'actions réelles immobilières.

d) *Actions pour voies d'exécution.* — Il s'agit ici encore de compétences absolues dans le pays où les voies d'exécution se produisent. Le projet de traité reconnaît cette compétence.

Des conflits peuvent se présenter en matière de lois d'ordre public pour les mesures d'exécution renfermées dans une sentence. Ainsi, l'*exequatur* d'un jugement français déclaratif de faillite sera repoussé en Belgique dans la partie du jugement français qui ordonne l'incarcération du failli (1). De même l'hypothèque judiciaire ne pourra être prise en Belgique en vertu d'un jugement français, comme, à mon avis, un jugement belge ne pourrait créer une hypothèque judiciaire en France (2).

§ 3. — *Actions personnelles et mobilières civiles et commerciales.*

Il convient, pour être aussi complet que possible, de s'occuper des décisions de cette nature d'abord au point de vue des lois

(1) C. Bruxelles, 17 octobre 1888. *Le Droit.* 8 nov. 1888.
(2) Weiss, p. 833.

d'ordre public qui seraient applicables et qui entraîneraient des conflits en matière d'*exequatur*.

Les hypothèses que l'on peut prévoir sont les suivantes :

Une sentence est rendue dans un des deux pays sans qu'il soit nécessaire d'appliquer une loi d'ordre public. L'*exequatur* ou l'autorité de la chose jugée en est demandée dans l'autre pays. La demande sera repoussée si une loi d'ordre public s'y oppose. Ainsi, au sujet d'une réclamation pour opérations de bourse, la loi française du 28 mars 1885 permet les opérations à terme. Le jugement français rendu avec cette législation pourrait se voir refuser l'*exequatur* en Belgique, qui obéit à la loi d'ordre public de l'article 1965 sur l'exception de jeu.

On raisonnera de même si la loi sur laquelle est basée une décision est inconciliable ou contraire à la loi d'ordre public de l'autre pays.

On rangera dans ces espèces les cas où un jugement ne peut être rendu exécutoire dans l'autre pays parce que cette décision se trouve en présence d'une sentence contraire, inconciliable ou même conforme. C'est une loi d'ordre public dans un pays que des décisions ne puissent se contredire ou se multiplier à cause de l'autorité de la chose jugée acquise à une sentence rendue dans ce pays (1).

Il faut maintenant étudier les conflits en matière d'*exequatur*, qui peuvent se produire « au sujet de la compétence » dans les actions dont nous nous occupons.

La règle générale, selon nous, est que l'effet juridique des compétences *ratione personæ*, ou relatives qui sont créées par le législateur dans l'intérêt exclusif des plaideurs, leur permet de choisir à leur gré une juridiction, d'avoir même des juridictions compétentes dans l'un et l'autre pays. Dès qu'une juridiction est compétente d'après ces règles, elle doit être acceptée par la juridiction d'une autre nation.

Il y a exception, lorsque la législation du juge saisi d'une demande d'*exequatur*, repousse formellement la compétence *ratione personæ* de la juridiction étrangère. Deux législations ont, dans ce cas, des règles de compétence contraires sans que le caractère de ces compétences soit nécessairement d'ordre public. C'est ce qui se produit surtout dans les compétences dites de *privilèges de nationalité*, que l'on rencontre dans les articles 14

---

(1) *Observations sur l'exécution des jugements étrangers*, 3e série, p. 35.

et 13 du Code civil français et dans l'article 10, § 5, de la loi belge du 25 mars 1876. Ces exceptions seront étudiées plus loin.

Il est intéressant de combiner les effets juridiques des compétences absolues ou relatives et les résultats peu étudiés jusqu'ici du caractère de ces compétences en droit international.

Nous résumons pour l'instant les espèces dans lesquelles il ne doit, selon nous, se produire aucun conflit de compétence qui empêcherait un tribunal étranger de prononcer l'*exequatur* :

« Jugements entre des nationaux dans leur pays » : la compétence des juges nationaux est incontestée par toutes les législations. Aucune difficulté donc pour l'*exequatur* actuellement ou dans le cas de l'adoption du projet de traité.

« Jugements entre Français et Belges qui ont accepté et convenu d'une juridiction en France ou en Belgique » :

La jurisprudence française permet au défendeur ou au demandeur français de renoncer à la juridiction française et d'accepter une autre juridiction (1).

La jurisprudence belge l'a jugé à propos de Belge demandeur qui se lie ainsi par un contrat judiciaire (2). Il doit être logiquement de même du défendeur. Ces décisions sont compétemment rendues et l'*exequatur*, à ce point de vue ne peut faire de difficultés. Le projet de traité affirme ces règles de compétence.

« Jugements entre étrangers aux deux nations, rendus dans l'un des deux pays. »

Les parties ont choisi leur juridiction, le quasi-contrat judiciaire est parfait entre eux, et l'une des parties peut solliciter l'*exequatur* de la sentence.

L'incompétence *ratione personæ* de la juridiction française dans ces natures de litiges, permettra à cette juridiction de rendre exécutoire la décision étrangère. Le projet écarte toute difficulté sur ce point en matière d'*exequatur*.

« Jugements rendus dans les deux pays entre toutes personnes, lorsque les législations sont identiques sur la compétence, en dehors des cas de compétences *dites de nationalité*. »

Des règles nombreuses de compétence sont semblables en France et en Belgique. Elles se trouvent dans les dispositions de l'article 52 de la loi belge du 25 mars 1876 et dans les articles 59

(1) C. Paris, 7 décembre 1893. *Le Droit*, 16 avril 1891 : *Compétence des trib. français, op. cit.*, pp. 259 et 261.

(2) C. Bruxelles, 19 mai 1892. Pas., 92. 2. 328; 30 juin 1892. Pas., 93. 2. 62; 13 mai 1893. Pas. 93. 2. 388.

et 420 du Code de procédure français qui reconnaissent comme compétences commerciales le domicile, le lieu où la promesse a été faite, la marchandise livrée et le lieu de payement.

Ces compétences *ratione personæ* doivent être admises par la juridiction de l'autre État, puisque les parties s'y sont soumises, ont accepté le quasi-contrat judiciaire et que la législation de l'autre pays possède de semblables compétences *ratione personæ* qui n'y font pas obstacle.

C'est ce qui a été reconnu en France par diverses décisions (1). D'autres décisions françaises ont accepté la juridiction italienne dans les litiges entre Français et Italiens en vertu de l'article 105 C. proc. italien qui a des règles semblables de compétence (2). On admettrait donc en France les compétences *ratione personæ*, belges, semblables aux compétences françaises. Citons pour exemples : la compétence par suite d'une élection attributive de juridiction : C. Paris, 7 décembre 1893 précité ; les actions successorales mobilières au lieu où la succession est reconnue légalement ouverte ; les actions postérieures à la déclaration de faillite au lieu où elle fonctionne légalement ; en matière de concordat, V. Cass., 13 janvier 1890. Le projet de traité simplifie et sanctionne ces règles de compétence.

Il s'agit dans toutes ces décisions des procès de personnes physiques ou de personnes morales, comme les Sociétés, puisqu'avec les lois actuelles, les Sociétés commerciales peuvent ester comme défenderesses ou demanderesses dans les deux pays lorsqu'elles sont constituées légalement et sans fraude.

Des cas de conflit entre les deux législations à l'égard de la compétence de la juridiction qui a rendu la sentence dont on demande l'*exequatur*, se produisent actuellement dans les espèces suivantes :

L'article 52, § 2, de la loi belge du 25 mars 1876 donne compétence aux Tribunaux belges pour connaître des litiges au sujet d'obligations « nées » en Belgique. En matière commerciale, l'article 420 C. proc. civ. français permet cette compétence, puisque cet article donne compétence à la juridiction du lieu où une promesse a été reconnue. En matière civile, la législation

---

(1) C. Paris, 7 décembre 1893, précité ; Seine, 27 décembre 1891 ; *Le Droit*, 8 novembre 1895, art. 420 invoqué.

(2) Voir arrêts cités au traité franco-italien dans le premier commentaire du projet actuel. *Le Droit*, 18 septembre 1895.

française n'édicte pas cette règle de compétence et ne parle que du domicile du défendeur ou d'autres règles.

Un jugement belge rendu au sujet d'une obligation civile née en France pourrait recevoir l'*exequatur* en France, lorsqu'il s'agit pour la France d'une compétence *ratione personæ*. En Belgique, si la compétence du lieu où l'obligation est *née*, n'est pas une compétence *ratione materiæ*, on devrait y rendre exécutoire le jugement français qui émane d'une juridiction compétente *ratione personæ*.

D'autres espèces de conflits de compétence se rencontrent dans la contrariété des législations belge et française au sujet des articles 14 et 15 Code civil français et l'article 10, § 5 de la loi du 25 mars 1876. Il s'agit ici des compétences reposant sur « le privilège de nationalité ». En Belgique on refuserait l'*exequatur* à un jugement français rendu par un Tribunal français compétent en vertu de la seule nationalité du Français. En France, on ne déclarerait pas exécutoire un jugement belge rendu à l'encontre d'un Français qui n'aurait pas renoncé à la juridiction française.

Toutefois il faut remarquer que l'article 14 Code civil français ne comprend pas seulement des dispositions de compétence reposant sur la seule nationalité. Par exemple un Français peut assigner un Belge domicilié en France. Cette compétence dans ce cas ne devrait pas faire obstacle à un *exequatur* en Belgique. Si, au contraire, le Belge n'est pas domicilié en France, la compétence française ne sera pas admise en Belgique.

L'article 15 Code civil français peut produire également des compétences de nationalité puisque la loi française oblige l'étranger à poursuivre en France le Français même non domicilié en France qui n'a pas renoncé à la juridiction de son pays. Le jugement d'une juridiction française proclamant sa compétence dans de semblables conditions se verrait-il refuser l'*exequatur* en Belgique ? C'est douteux, car l'article 10, § 5, ne parle que de la nationalité du demandeur qui crée une compétence.

Une autre espèce de conflit se trouve encore, à mon avis, dans l'article 51 de la loi belge de 1876, qui édicte une compétence de nationalité. En effet, un Français non domicilié en Belgique, assigné en Belgique par un Belge, ne peut opposer l'incompétence puisque le Belge non domicilié en France ne pourrait y opposer l'incompétence contre un Français.

L'hypothèse est inexacte si l'article 52 est limitatif de compétence vis-à-vis de l'étranger et exclut les compétences de l'article 51.

Nous ne pouvons aborder dans cette étude restreinte les questions intéressantes sur l'interprétation des articles 53 et 54 en matière internationale, qui ont fait en Belgique l'objet de discussions dans une affaire Woodstock contre prince de Naples.

Toutes ces difficultés disparaissent avec l'adoption du projet de traité.

§ 1. — *Actions en matière d'état et de capacité des personnes morales et physiques.*

Sauf sur les demandes incidentes (art. 4, § 2 du projet), les actions en matière d'état et de capacité ne sont pas prévues dans le projet au point de vue de la compétence.

Voici la situation actuelle de ces natures d'actions en matière d'*exequatur*.

L'autorité de la chose jugée est déjà reconnue aux décisions sur l'état et la capacité des personnes dans les jurisprudences actuelles des deux pays; le projet ne fait que les confirmer en déterminant les conditions nécessaires, notamment pour la compétence.

La question de statut personnel, loi d'ordre public international, est applicable aux personnes physiques, comme aux personnes morales, c'est-à-dire les sociétés civiles ou commerciales, et la jurisprudence des deux pays est d'accord pour reconnaître l'autorité de la chose jugée aux décisions concernant la nationalité et l'existence des sociétés (1).

Quels conflits de compétence sont possibles au sujet des décisions sur l'état et la capacité en matière d'*exequatur* pour poursuivre une exécution sur les personnes ou sur les biens dans l'autre pays?

(1) Courtrai, 30 juillet 1890. J. D. I. P. 93, p. 415 : Décision française sur la nullité d'une société anonyme française ayant autorité de chose jugée, pas d'*exequatur*. Cass. belge, 12 avril 1888. *Annales commerciales*, 88. 1. 197 : *Exequatur* inutile pour un jugement étranger prononçant la nullité d'une société étrangère; Seine, 8 février 1892, J. D. I. P., 92, p. 278. *La Loi*, 24 février 1882, rejet de la demande en nullité pour inobservation de la loi française d'une société d'assurances dont l'établissement et le siège social sont en Belgique. Voir : *Compétence, op. cit.,* sur l'art. 11, p. 218. C. Paris, 28 février 1881 : Inutilité de rechercher la validité de la société anglaise ou belge, déclarée en faillite à l'étranger, alors que le jugement belge a autorité de chose jugée quant à la nationalité. Pas d'*exequatur* nécessaire.

Les litiges rendus dans leur pays « entre nationaux » sont compétemment jugés et l'*exequatur* doit être ordonné, s'il n'y a pas dans l'autre pays opposition de lois d'ordre public. Je pense qu'un jugement belge de « divorce par consentement mutuel » pourrait avoir en France autorité de chose jugée ou force exécutoire parce qu'il ne contrevient pas à une loi d'ordre public en France. Il est difficile d'admettre que les règles de divorce qui étaient stipulées dans le Code civil de 1807 fussent aujourd'hui contraires à l'ordre public, lorsqu'elles n'avaient pas ce caractère autrefois.

Les litiges entre étrangers se voient soumis en France à deux jurisprudences différentes. Une opinion entend faire juger les questions de statut personnel par le juge national. La même jurisprudence me paraît prévaloir en Belgique. Pas de conflits dans ce cas puisqu'une seule compétence est reconnue et admise par les deux législations. Un autre système appliqué en France comme en matière d'actions personnelles de pur intérêt privé, l'incompétence *ratione personæ*. Des conflits pourraient s'élever si la juridiction française se saisissait d'actions qui appartiendraient à la Belgique par suite du domicile du défendeur. Mais ces conflits se produiront rarement, parce que les juges qui adoptent la règle de l'incompétence *ratione personæ* placent le domicile comme le principal élément qui permet à leur juridiction de rester saisie.

Quant aux *Heimathlosen*, aux sans-patrie, c'est au pays qu'ils habitent qu'appartient la juridiction.

§ 5. — *Jugements déclaratifs de la faillite.*

Quelles décisions dans ces natures d'actions ont ou n'ont pas autorité de chose jugée, sont ou non susceptibles d'*exequatur* ?

Les difficultés en ces matières se produisent surtout au sujet de la compétence du Tribunal qui a déclaré la faillite; nous avons étudié ces questions de compétence en commentant l'article 8 du projet, aussi nous n'ajouterons qu'une observation plus spéciale aux questions d'*exequatur*.

En France, la jurisprudence considère comme compétent pour prononcer la faillite de toute personne : le Tribunal du domicile du failli (art. 59, C. proc. civ.); le Tribunal du principal établissement de la succursale faisant des opérations (art. 437, 438 et 440 du C. de comm., regardés comme lois d'ordre public). En vertu de l'article 14, un Français peut assigner en déclaration de faillite un étranger même ne faisant pas le commerce en France ; un étranger peut faire la même demande contre un Français non domicilié en France.

Quelles sont celles de ces décisions qui auraient autorité de chose jugée ou seraient susceptibles d'exécution en Belgique ? La jurisprudence belge est, sauf les dispositions de l'article 14, presque conforme à la jurisprudence française (1).

Il en résulte que d'une manière générale sauf notamment la déclaration de faillite prononcée en France en vertu de l'article 14 contre un étranger non domicilié, les décisions françaises prononçant la faillite ont autorité de chose jugée ou peuvent être déclarées exécutoires en Belgique. D'autres conflits méritent d'être signalés. Si le jugement déclaratif a été obtenu dans les deux pays, l'*exequatur* sera le plus souvent refusé, aucun Tribunal supérieur ne pouvant trancher la question. Ce sera alors le prix de la course (C. Paris, 7 mars 1878, *Exécution, op. cit.*, p. 93). Si une double faillite a été déclarée dans un pays au principal établissement et dans l'autre pays à la succursale, l'*exequatur* offrira de grandes difficultés dans les deux pays.

C'est pour éviter ces conflits que nous proposons les stipulations du projet de traité commenté plus haut. Son adoption par les Parlements des deux pays fera disparaître bien des difficultés.

Nous arrêtons ici nos recherches sur les litiges auxquels s'applique le projet au point de vue de la compétence et de l'*exequatur*. Les actions qui n'ont pas été signalées rentrent dans le cadre des observations précédentes et les difficultés qui se soulèveraient à leur sujet seraient généralement résolues avec l'application des règles ci-dessus formulées.

CONCLUSION.

Les conventions internationales sur les progrès à apporter dans les rapports judiciaires entre la France et la Belgique ne peuvent tarder à préoccuper l'attention des pouvoirs publics des deux pays. On donnera ainsi satisfaction et sécurité à de nombreux intérêts publics et privés. Cette entente sera également le point de départ de beaucoup de traités analogues entre diffé-

(1) Voir Humblet, J. D. J. P., 1880, p. 88.

rentes nations et d'une revision du traité franco-suisse dans ses parties défectueuses.

Si l'œuvre que je propose exige une étude trop laborieuse ou trop longue, les législateurs peuvent, comme je l'ai dit en Belgique, borner leurs travaux au traité sur l'exécution des jugements qui provoque moins de discussions. Le traité sur la compétence sera ensuite entrepris comme une nécessité ou une conséquence naturelle.

La science du droit international trace la route à suivre et aplanit les obstacles dans ces questions. Il est du devoir des gouvernants d'en faire profiter des populations qui ne songent qu'à augmenter leurs relations commerciales et amicales.

TABLE DES MATIÈRES

COMMENTAIRE DU PROJET DE CONVENTION

PREMIÈRE PARTIE

DISPOSITIONS DU PROJET DE TRAITÉ SUR LA COMPÉTENCE JUDICIAIRE

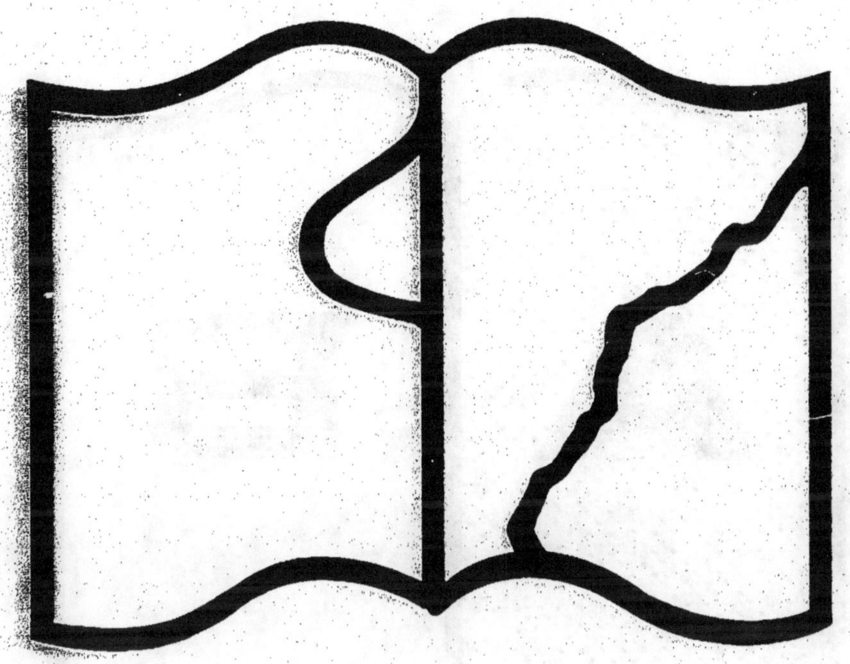

Texte détérioré — reliure défectueuse

NF Z 43-120-11

Contraste insuffisant

NF Z 43-120-14